都市异乡人

王振良　张元卿 ｜ 主编

# 北角昔称小上海

张元卿　著

山东画报出版社

济南

**图书在版编目（CIP）数据**

北角昔称小上海 / 张元卿著.— 济南：山东画报出版社，2023.9

（都市异乡人 / 王振良，张元卿主编）

ISBN 978-7-5474-4584-6

Ⅰ.①北… Ⅱ.①张… Ⅲ.①商业史 - 史料 - 香港
Ⅳ.①F729

中国国家版本馆CIP数据核字(2023)第164106号

BEI JIAO XI CHENG XIAO SHANGHAI

**北角昔称小上海**

张元卿 著

**责任编辑** 张 欢
**装帧设计** 王 芳

**主管单位** 山东出版传媒股份有限公司
**出版发行** 山东画报出版社
    社 址 济南市市中区舜耕路517号 邮编 250003
    电 话 总编室（0531）82098472
       市场部（0531）82098479
    网 址 http://www.hbcbs.com.cn
    电子信箱 hbcb@sdpress.com.cn
**印 刷** 山东临沂新华印刷物流集团有限责任公司
**规 格** 130毫米×185毫米 32开
    10.75印张 166千字
**版 次** 2023年9月第1版
**印 次** 2023年9月第1次印刷
**书 号** ISBN 978-7-5474-4584-6
**定 价** 56.00元

如有印装质量问题，请与出版社总编室联系更换。

# 总　序

　　国人安土重迁，然为求生存发展，"异乡为异客"固属常态。随着社会分工的细化，城乡二元结构产生。除兵燹、瘟疫等特殊时期，城市人口会向乡村疏散，大趋势则是人口向城市集中，包括不同城市间的人口播迁。

　　一座城市或都市，会不断有"异乡人"汇入。这些异乡人，无论个体还是群体，都将给城市带来"异文化"，首先是风俗的和空间的，然后是历史的和文化的。而异文化来到城市，会与本土文化融合，最终衍为城市的有机组成部分。异文化无时无刻不在汇入城市，融入城市，潜移默化地改变着城市面容。研究这种改变，对认识城市的历史和规划城市的未来，都有着特别意义。

所有城市人其实都是异乡人，区别仅是进入这座城市早晚而已。这套"都市异乡人"丛书，站在都市角度，观照来到城市的个体或群体，讲述他们与城市的故事。在个体或群体融入城市过程中，有时表面波澜不惊，但文化的排斥乃至碰撞无可避免，不过最终结果只有融入。此种融入看似泯灭了个体或群体特性，但其基因已在这座城市传播开来。寻找这些基因，解析这些基因，可更好地认识一座城市的文化品格及其缘起，为把控其发展方向提供历史、文化的参照。希望每座城市都能善待本土文化，也善待作为风俗、空间的"异文化"，让它们在城市中自然延续。

我们关注"都市异乡人"——目标是微观史观照，方法是田野式考察，手段则是故事化讲述。要想实现这些，其实是个难题，但我们期待不断迫近它！

王振良　张元卿

2023 年 6 月 14 日

# 自　序

在我的青春记忆里，香港的流行歌曲、武侠电视、明星日历有着很特别的地位，因为它们构筑了我对远方的想象。后来当我离开家乡，走到更广大的天地，那个"远方"，依然不曾褪色。即便后来我游历了香港，亲眼看到了远方，香港对于我而言，依旧是值得想象的远方。

几年前我莫名其妙地开始关注香港移民史，发现20世纪50年代香港移民中有一个特殊的人群，他们来自上海，从大商人到小裁缝，各色人等俱全，他们在北角聚居，开始用上海元素来改造北角，终于让北角变成了香港的"小上海"。对于大部分上海移民而言，香港本来还是他们瞧不起的"远方"，不承想时局多变，他们竟要靠这"远方"来获得现世的安稳。可上海人毕竟是上海人，即便最初只想把香港这"远方"当作歇脚之地，也毫不凑合，西装旗袍，衣香鬓影，硬是把上海的生活方式高傲地带到了香港，令土著羡慕，进而效仿。后来当上海人逐渐离开北角，稀释到香港各处，北角已不再是"小上海"时，香港人突然发现，上海人虽不再像从前那么聚居了，但上海人的一些生活方式已成为港人的一种新传统，被自然地接纳继承了。这种移民或都市异乡人改变"远方"的力量，就是文化的力量。程乃珊在《香港的上海移民》中写道："上海人数量最多，最完整地保留着上海人文化，乃至一个包含各文化阶层的上海人社会，似唯有在香港了。"这说明这股文化的力量是"包含各文化阶层"的整体的文化力量。这样的历史无疑是很值得思考的，但首先它是迷人的。

于是，我慢慢开始搜集有关北角和上海移民的资料，逐渐发现这段历史之迷人远超我的预想。而当资料的搜集、消化足以支撑我从整体上把握这段历史时，内心的愉悦，又恰似年少时第一次接触香港的流行歌曲、武侠电视、明星日历。这一次，香港再次成为我想象的远方，只是想象有了更具体的时空。当我想把这种想象的时空和实际的时空用文字来表现时，我发觉聚焦北角，用细节来复原这一区域的地理空间和上海移民营造的上海空间，是较为合适的呈现方式。这样以复原历史场所为中心，我竟写成了这本《北角昔称小上海》。

本书的写法是注重历史细节即微观历史的钩稽，在微而实的基础上，力争做到微而有系统。这样，便有了上中下三编的结构。上编主要是从宏观角度把上海人移民香港、聚居北角的背景和大脉络讲清楚。中编是从街区与住户入手，集中探究上海人在北角主要街道的居住情况，把上海移民的居住场所和上海故事的发生场所落实到具体的街道。同时，通过街道住户名录为更多普通移民留下一些历史痕迹，借此等候其后人回到历史现场，讲述尘封的往事。如果说上编是"面"，中编是"线"，那么下编就是"点"。"面"和"线"虽各有存在价值，但它们最重要的价值是为"点"营造了具体的时空背景。"点"是上海故事的结集，尽量"包含各文化阶层"的故事。探究这些故事的过程，犹如破案，而写作的过程，则更像是落实我对远方的想象。

曹惠民老师在《边缘的寻觅》中提到马朗的《北角

之夜》时，称"所有香港文学的在地书写，也是始终有个异地（内地）因素在的"。本书虽不探究香港文学，但通过对移民史的考察，发现香港的在地传统，始终有个异地（内地）因素存在，在20世纪五六十年代，这个活跃的因素无疑是上海。我写北角，更多是从北角写回上海，想捕捉这活跃元素的来路，想找到远方还那么迷人、还值得想象的原因。我这样走近香港，是在边缘寻觅，令我欣慰的是那边缘有光，有热，有顺流逆流，有江湖岁月不老的传奇，让人不由地想轻声哼唱：哪用争世上浮名，世事似水去无定……

史亦似水，带着思考逆流而上，总会发现值得驻足的风景。

2023年4月3日于南京

# 目录

## 上编 "小上海"的兴起与变迁

## 中编 街区与住户

## 下编　沪港双城记

上编

『小上海』的兴起与变迁

# 从关锦鹏的一席话谈起

香港来自上海,似乎成为香港人的共识。

这是我在安宕宕等著《别来无恙》中读到的一句话。

这本书记录了香港导演关锦鹏在一则采访中的谈话:"香港这些反正不管是王家卫、我、许鞍华都拍过老上海,甚至有一些商业片《新上海滩》,但是为什么香港导演去还原一个老上海的印象比同代的上海导演好呢?……香港接受了很多老上海的文化。各行各业,做服装的、饮食的、珠宝的,很多都是从上海过去的。而且那时候富太太还把自己的佣人、厨师都带过去。现在已经很少说香港岛的北角是'小上海',但是你走在北角的话，还是有机会看到很多有特色的上海餐饮。所以，我觉得某种程度，这些比较富有的上海人其实带动了香港很多东西。"[1]年少时我是通过香港的影视片认识香港的，也是通过香港的影视片认识老上海的，我的沪港观深受香港导演的影响。长大后了解沪港的渠道很多，对沪港的认识自然超过了往昔，但我的沪港观似乎没有大的改变，我也认为香港导演拍老上海比同代的上海导演好，认为他们更了解老上海，因此一直在想为什么会这样。

有个西方的记者和我有同样的困惑，问许鞍华为什么能拍上海。许鞍华答道："我对上海一点不陌生啊，香港我住的地方是北角，我好多同学是上海人，香港的文化有一部分是上海文化，好多是上海人在香港开企业。广东人对上海人的观念是又爱又恨，喜欢他们讲究，要符合他们对优雅的要求。可也说他们有点排外，说他们乱花钱，有很多地域的偏见，可我们其实都很懂，那时候对于上海有个武侠小说的想象世界，特别

---

[1] 安宕宕等：《别来无恙》，东方出版社2017年版，第78页。

浪漫、惊险，觉得特别有吸引力。"[1]许鞍华说"香港的文化有一部分是上海文化"，我想这"上海文化"指的应是老上海的文化，这种老上海文化她是在北角的上海人那里感受到的，而北角的上海人是20世纪40年代末从上海移民到香港的，他们是带着老上海文化的老上海。因像许鞍华这样的香港导演生活在香港，他们没有受到50年代后的上海文化的影响，又对"上海有个武侠小说的想象世界"，因此他们拍老上海既有现实生活的底子，又有个人的想象，才会在历史与想象的交互影响中把握住老上海的味道。

任仲伦主编的《电影双城记》已注意到，"无论是关锦鹏还是许鞍华，聊到他们自己的电影时，总忘不了谈谈北角，谈谈小时候看到的上海人的生活方式。许鞍华说，上海人让她觉得又爱又气又好笑——尽管他们在香港的生活并不尽如人意，但他们，却仍然坚持着要过精致的生活，穿着旗袍，搓着麻将，生活的窘迫好像根本是不存在的问题，或许至少在外人面前，

---

[1] 任仲伦主编：《电影双城记》，上海辞书出版社2007年版，第264页。

他们永远要那么精致"[1]。王家卫用《花样年华》把许鞍华对北角上海人"坚持着要过精致的生活"的气息精致地表现了出来。

北角到底有什么魅力呢?

《花样年华》中孙太太的饰演者潘迪华就曾生活在北角,她曾说:"1951年我初到香港,住在上海人集聚的北角,一到香港,我想怎么香港这么落后,和上海比起来,根本就是乡下的渔港嘛。"当时的北角是比较落后,但这个地方50年代却成了闻名香港的"小上海"。何菲在《上海熟女》一书中写到潘迪华时说:"那个时候的香港并不懂得怎样繁华。潘迪华激起了香港人对上海的想象、对繁华的想象。那时的上海女人有着中西合璧的天然条件,所以开放、大胆,却又雅致、精细。这种感觉正是香港人后来追寻和拷贝的。"[2]我想不是"潘迪华激起了香港人对上海的想象",是那一代上海移民激起了香港人对上海的想象。这些上海移民在北角拷贝上海,把北

---

[1] 任仲伦主编:《电影双城记》,上海辞书出版社2007年版,第317页。

[2] 何菲著,张明摄:《上海熟女》,上海辞书出版社2006年版,第180页。

角变成了"小上海",使得香港人看到了可以触摸,可以消费,可以批评,更可羡慕与拷贝的上海。现在这样的北角已然消失,若要回去,只能通过文献和口述来钩稽北角的各种上海痕迹,用它们来重建七十多年前的人们在北角拷贝上海的历史。

# 北角概说：七姊妹变身"小上海"

北角位于香港岛东区北部，西接铜锣湾，东邻鲗鱼涌，与尖沙咀隔海相望，是20世纪50年代后兴起的新市区。

北角这一带原有一土著村落，叫七姊妹。在香港开埠初期，这里还是荒芜之地，等西营盘和中环发展几十年之后，才慢慢发展起来。在日军侵占香港之前，这里有很多游泳棚，是新兴的海滨娱乐地，同时也是油库、发电厂等工业的集中地。叶灵凤在《海旁的变化》中描绘了这一时期的情况：

> 在七姊妹一带，不仅电车沿了海旁行驶，这里

更是全港游泳棚的集中地，仿佛今日的亚公岩、南湾、中湾一样。人们下了电车，就可以跨上海边的竹桥，走入游水棚。南华、中华、华人等等游乐会的游水棚，规模都很大，栉比而立，一到夏天，就使得当时很荒凉的七姊妹热闹非常。

这种盛况，直到日军进攻香港才起变化。九龙的日本炮兵，集中向这一带攻击，先烧了海旁的火油仓，然后再击毁了那许多游水棚，最后并且从这里登陆，向西进攻，于是香港便落在日军手上。[1]

抗战胜利后，随着内地移民的涌入，这里逐渐由昔日的工业集中地发展成为集居住、娱乐、消费和生产为一体的新市区。彭绰婷在《北角·香港：口述历史》前言中记叙了这种变化：

开埠初期，北角原是片荒凉之地，当中上环已发展为密集城市，北角仍未开发，直至维多利亚城土

---

[1] 叶灵凤：《叶灵凤文集》第3卷，花城出版社1999年版，第359页。

地不敷应用，政府才在北角填海，建设油库、发电厂、仓库、码头，甚至炮台，让北角由一个位置偏远、人烟稀少之地，变成了支援香港发展的重地。油街、电厂街、大强街、堡垒街……熟悉的街道名字正正引证着北角昔日的重要设施。

后来抗日战争加上中国政局动荡，北角和其他地区一样，不知不觉间接收了大批涌入香港的难民。先有40年代大量上海商人携着资金到香港避难，聚居于边缘的北角，带来最上流的旅馆、餐馆、服装店、理发室、夜总会、月园游乐场等；多家戏院于区内先后开业，有都城、璇宫、国都、国宾……北角摇身一变，成为华丽耀眼，庶民与富人一同寻乐的"小上海"；其后陆续有福建人来港定居，在北角建设"小福建"。[1]

北角地区在20世纪50年代开始成为"小上海"，但在1954年《新编香港街道图》上这一带还是"七姊妹"。

---

[1] 彭琗婷著，谢颖琳译：《北角·香港：口述历史》，香港长春社文化古迹资源中心2019年版，第16页。

当时港岛有位于铜锣湾的东角和西环的西角，北角正式取代七姊妹成为这一地区的名称，应在1954年之后。

1956年《香港最新市区详图》上开始出现"北角"这个名称，但旁边的括号中还写着"七姊妹"。这显然是同时使用两个名称的过渡期的特征。

1956年《香港最新市区详图》的北角部分专门有一小框写明北角因新建住宅和商业区而有"小上海"之称，同时这张地图还辟有北角部分的街区图。从这张街区图上大致可看出北角成为"小上海"后的样子。

《北角·香港：口述历史》书末附有《北角大事年表》，现将其中20世纪60年代之前的"大事"摘录于下：

1922年

福建籍富商郭春秧投得由电灯公司至明园一带海傍用地发展，两年后投资二百万港元，兴建巨型堤岸，为当年最大型由私人企业出资的海港工程项目。

1931年

政府刊宪定名"油街""艇街""大强街"。

1933年

政府刊宪定名"春秧街""爪哇路（渣华道）""北角路（北角道）""糖水路（糖水道）"。

1935年

铜锣湾道尽头至太古糖厂一段的筲箕湾道易名为"英皇道"；同年发电厂附近的路段易名为"电气道"。

1937年

政府刊宪定名"书局街"。

1938年

北角难民营由辅政司按紧急法令成立，接济大量内地逃港难民。

1952年

香港模范屋宇会兴建的"模范屋"首座建成，后改名为"模范村"。

1956年

天宫台住宅建成,前身为月园游乐场内的天宫夜总会。

1957年

北角村落成,属屋宇建设委员会首个建成的廉租屋村,获誉为亚洲最壮丽屋宇工程之一。

这些"大事"大致能反映北角的开发历程,但北角如何成为"小上海"却没能用"大事"来标示,这使得北角历史上最重要的一段没有被凸显出来,这样北角曾经的辉煌就被遮蔽了。

有鉴于此,本书主要探研和展示的是北角是如何成为"小上海"的,北角和上海有着怎样的历史联系。希望通过街区复原、住户考查和厂商考源来重现"小上海"的历史样貌,由此重新审视上海移民作为都市异乡人在香港历史上的地位和作用。

# 王宽诚与北角的"上海化"

熊志琴在《异乡猛步——司明专栏选》前言中写道：

1949年前后大量人口从内地涌到香港，其中不少人来自上海以至江浙一带（在对中国地理无甚观念的本地人口中，他们统统被称为"上海人"），司明1958年的一则专栏就提到，据说香港有七十万"上海佬"，而1948年的上海人口有六百万，换言之，该有十分之一的"上海佬"到香港来了（《几种上海佬》）。据说五六十年代的北角、尖沙咀正因为有不少江浙人士聚居而有"小上

海"之称，甚至下午茶时间的告罗士打酒店是一个
上海话的世界。[1]

其实1948年上海人就已开始移民香港，这批人主要
是手握重金的商人，而有的商人更在这之前就开始在香
港布局，其中与北角的"上海化"进程关系最为密切的
是1947年到香港的王宽诚。

王宽诚（1907—1986），祖籍宁波，生于江苏靖江。
八岁时进入私塾读书。小学毕业后去做学徒。后在宁波
经营维大鼎记面粉号。1937年在上海泗泾路开设维大华
行，除了经营面粉，还兼营木材、食品、呢绒等。抗战
期间内迁重庆。抗战胜利后，维大华行迁回上海江西路，
改名维大洋行，后又迁至广东路。1947年移居香港，创
立维大洋行有限公司、大元置业有限公司及幸福企业等
数十家公司，经营地产、建筑、百货、船务、木材加工
等业务。曾任香港中华总商会会长、全国工商联常委、
中国国际信托投资公司董事。

---

[1]熊志琴编：《异乡猛步——司明专栏选》，香港天地图书有限公
司2011年版，第24页。

王宽诚

王宽诚的签名和印鉴

　　宁波市政协文史委所编《王宽诚研究》谈到王宽诚开发北角时写道："明园大厦建成开业，恰好是南京、上海、杭州、广州等大城市相继解放，于是，大量不愿去台湾而又害怕留在大陆的工商人士、小业主纷纷像当年逃进租界一样来到香港，而王宽诚的公寓楼房正好虚位以待等着他们。"[1]孙善根《宁波帮史略》也谈到这个情况："1947年王宽诚一到香港就把带出来的大部分资金买了地皮。当1949年许多人从上海等地拖家带口来到小小的港岛，由于人口的骤然暴增，而'一屋难求'时，王宽诚却早已在港岛的北角建好了明园大厦、海园公寓静待他们'善价而沽'了。"[2]

北角的"上海化"是从两个维度发展的，一是各种与上海有渊源的厂商进驻北角，二是大量上海人和江浙人在北角聚居。王宽诚早一步开发北角的房地产，静等上海移民的到来，为上海移民能聚居在北角奠定了现实基础，否则移民无法在北角解决居住问题，就不可能在北角聚居，各种服务移民的厂商，特别是与日常生活有关的商家就很难在北角立足。王宽诚开发明园大厦、海角公寓(《宁波帮史略》误作海园公寓)，解决了部分移民的居住问题；同时他在明园大厦开办新都城酒楼和百

[1]宁波市政协文史委编：《王宽诚研究》，中国文史出版社2007年版，第41页。

[2]孙善根编著：《宁波帮史略》，宁波出版社2015年版，第197页。

货公司，解决了移民的生活问题。在王宽诚的带动下，很多商人开始在北角开发公寓、设立公司，"带动了整个北角地区日渐繁荣兴旺起来"，王宽诚由此被称为"北角地王"。[1]

后来北角的房地产随着移民的涌入吸引了更多的投资者，地价猛涨。1954年11月的《房地产交易兴旺　地价猛增十来倍》这样写道：

> 本月，据有关人士称，地价较前增涨已达10倍。由于房产需求量大，吸引了投资者的极大兴趣，致使香港房地产业交易繁忙，各区地价均有所上涨。平均而言，较之1947年涨达10倍左右。例如北角英皇道一带，第二次世界大战后地价每英尺为7至9元，现在已涨至80至90元。铜锣湾与湾仔地价，战后每英尺20余元，现在已涨至90元……[2]

---

[1] 宁波市政协文史委编：《王宽诚研究》，中国文史出版社2007年版，第43页。

[2] 陈昕、郭志坤主编：《香港全纪录》第1卷，上海人民出版社1997年版，第355页。

地价猛涨自然给房地产投资者带来了巨大的回报，但同时也应承认房地产市场的繁荣确实解决了北角移民的居住问题。有大批上海人聚居北角，北角的"上海化"才能在居住、商业、服装、饮食等多个方面展开，北角才能被称为"小上海"。

下面就具体看看王宽诚是怎么开发明园大厦的。

明园大厦所在地本是明园山，王宽诚到香港后发现北角的地价只有7元港币一英尺，果断买下明园山的地块。他的这一举动不被人理解，"许多人大摇其头，说

明园大厦（图中部最高楼前面的那幢楼）

真是看不懂啦，别人舍弃犹恐不及，这个上海来的王老板却要在这荒山上白白扔钱"。可是"王宽诚却气定神闲地按照他的计划着手规划开发，第一项工程就是把明园山按照地形推平，形成可以造房子的一块一块台地"，等"明园山平整出来后，王宽诚的设计蓝图也出来了，并且立即动工建设。近大马路的一部分地块建造体量极大的新都城大厦，初始时设有电影院、公寓、商店，后又改建为高层建筑，底下数层为商场，内有酒楼、百货、超级市场等；上层为住宅，可接纳1500多住户。而明园山山顶部分，则盖起了一幢幢洋楼。这样，整个北角地区因明园山的建设而逐渐繁荣起来"。[1]

　　明园山建造的公寓楼房在1949年至1950年间陆续竣工。当时内地移民在香港最迫切需要解决的问题是住房。香港《上海日报》报道称："无论是到香港来淘金的商人，或者来避难的寓公，所感到的最大威胁，就是房子问题。无钱的自不必说，即使有钱，也要一次拿出很多的顶费，终究也值得考虑。至于房屋的好坏和是否合用，

---

[1] 宁波市政协文史委编：《王宽诚研究》，中国文史出版社2007版，第39页。

购置家具，还在其次。""遇到上海来的同乡，十人之中，七八人是为了居处而烦恼。他们有的住在旅馆公寓，有的化了很大的顶费，住得不舒服。经济力量差一点的，连较好一点的房子也顶不起。"在这种情况下，人们终于发现王宽诚开发明园大厦是极具前瞻眼光的。明园大厦刚刚建成，就有报道说："……英皇道新近落成的明园大厦，就将开幕。该厦共有五层，二层至五层辟为宿舍，以出租床位为主要业务，每层有大小房间二十四间，每房分二床三床六床三种，衣柜桌椅俱全，有冷热水管，电梯等供应，工商各界职业男女无论单人团体，都是对象，下辟有餐厅部，冷饮部，理发部，贩卖部，洗衣部，并有服务部等。"这正是当时涌入北角的移民"最迫切需要的理想住所"[1]。

1950年12月，香港《上海日报》发表的《参观明园大厦》写道：

前天，因为一位二十多年的老学友黄达言兄，

---

［1］宁波市政协文史委编：《王宽诚研究》，中国文史出版社2007版，第40页。

来港住在明园公寓中，我去拜望他，便参观了一下明园。原来主人对明园各间房的改良，天天在求精之中，对于冷热水的瓷面盆，每房都在装置，以免大家轧在一起盥洗的缺点。单人房每日日租九元，双人房十二元，论月更有折扣，几人合住一房的办法也已取消，侍应生兼通粤语国语与沪语，是尤其难得的一件事。房间里设备，家具简洁合用，四壁色素调和，主人还客气要我批评，其实我如果在香港没有家，真想去住几夜，当然我的批评是"宾至如归"四个字了。[1]

明园大厦的租房措施满足了北角内地移民临时居住的需求，侍应生又会沪语，更让上海移民感到亲切，而有"宾至如归"之感。1950年作家李辉英到香港后就住在明园大厦公寓。

到1953年，明园大厦的租金下调，单人房日租5元，大房7元，广告中强调"可以自炊"，这对于刚到香

---

[1] 宁波市政协文史委编：《王宽诚研究》，中国文史出版社2007版，第41页。

明园大厦广告（香港《新晚报》1953年10月25日）

港的移民无疑是有吸引力的。当时明园大厦楼下就是康
乐老正兴，可提供"正宗沪菜"，这就使得上海移民有
得住，有得吃，能在北角安顿下来。而只有上海人在北
角安顿下来，才能让北角成为"小上海"。事实是当时
上海移民和上海厂商几乎是结伴前来北角安顿的，二者
互相依托，互相服务，自然而然地让以前的荒芜之地慢
慢变成了"小上海"。

　　回看北角成为"小上海"的历史，王宽诚开发房产，
接纳沪商，起到了奠基和引领的作用，促进了北角的
"上海化"进程。

# 丽池花园夜总会与香港小姐选举

　　谈及北角的文章多会写到丽池花园夜总会，写到杜月笙的门人李裁法经营这个夜总会的情况，也常会提到这个夜总会举办香港小姐选举的情况，但多是一些回忆文字，缺少细节，有些表述也不很准确。下面从香港小姐选举的角度来钩稽丽池花园夜总会的历史，并简要探讨上海娱乐文化如何影响香港娱乐文化，以及丽池花园夜总会的港姐选举活动在北角"上海化"进程中的作用。

　　1946年香港举行了首届香港小姐选举。关于这次选举的情况，余慕云在《香港小姐与香港电影：1946～1988》中这样写道：

李兰是香港有史以来第一位"香港小姐"。她是在1946年6月23日假北角丽池花园夜总会举行的国际慈善公开泳赛和选美大会所公选出来。这个选美会的主办单位名义上是香港中华业余泳团和英空军俱乐部。实际上,主办人是有"香港杜月笙"之称的丽池花园夜总会老板李裁法。[1]

此处说这次选美是在"北角丽池花园夜总会举行"就不准确。据苓《香港小姐竞选记》(《文饭》1946年第25期)记载,这次选美举办地是北角丽园游泳场。余慕云提到的丽池花园夜总会是在1947年开幕的。《香港小姐竞选记》称此次选美在"下午三时举办,不到中午已被五千多观众挤得水泄不通"。文章又称选出的香港小姐李兰曾为金龙酒家女侍,白光是百乐门舞女,"一个侍女一个舞女",岂有此理!

余慕云《香港小姐与香港电影:1946~1988》对第

---

[1] 余慕云:《香港小姐与香港电影:1946~1988》,三联书店(香港)有限公司1989年版,第3页。

香港小姐选举漫画
（1946年7月20日《星
光》1946年新2号）

二次香港小姐选举有这样的记载：
"第二位'香港小姐'名叫吴丹凤。
她是1947年7月27日在中环金钟兵
房对上的海军泳池举行的筹赈中英
水灾游泳选美大会公选出来的。"[1]
这次选举前六名中亚军、季军和第
六名均为上海籍。可见香港小姐选
举的上海元素在显著增加。到第三
届时选出的香港小姐成了上海小姐
司马音，观众认为香港小姐选举变
成了上海小姐选举，很多人都质疑选举结果。

为什么第三届香港小姐选举会被认为是上海小姐选
举？这要从北角丽池花园的开幕谈起。

1947年9月19日，上海《新光》杂志新13号刊登的
《影坛四姊妹香港剪彩忙！》记载了北角丽池花园开幕时
的情况，因细节丰富，故照录于下：

---

[1] 余慕云：《香港小姐与香港电影：1946～1988》，三联书店（香
港）有限公司1989年版，第6页。

《影坛四姊妹香港剪彩忙!》(上海《新光》杂志1947年新13号)

接到旅居香港友人的来信说起，最近北角的丽池花园，举行隆重的开幕典礼，到场参加的各界名流仕女，不下数千人之多。电影明星陈云裳、袁美云、李兰、吴丹凤都往，自辰至暮，车水马龙盛况空前。六时，全体男女游泳表演，非常精彩。八时，花园舞厅请由影坛四姊妹龚秋霞、陈琦、张帆、陈娟娟担任剪彩。万人注目，均以一瞻四姊妹的风采为业。剪彩之后，开始舞会，电车公司为便利来宾，增加十轮行驶其间，筲箕湾浅共达卅六辆，但车厢中仍拥挤不堪。亦兹花絮如次：

各界所送花篮，花围之外，均已布满，美不胜收，如"百花展览会"。

上午六时游泳池开放，男女健儿已在池中大献身手，红绿泳衣，争奇斗艳。

将届中午，绿茵草上之桌椅，已为客人定坐一空，向隅者达二千余人，可见热闹状况，开港地之新纪录。

六时，由港地全体游泳选手表演自由式、蛙泳、背泳、常泳、螺丝转泳、双人泳、侧泳、蝴蝶式泳、开倒车泳、麻包脱泳、跳水表演，节目精彩，围观者人山人海，比去年首届选举香港小姐情形，还来得拥挤。

当游泳表演得最精彩时，为一女子游泳，技倒不弱于当年之杨秀琼，所以也有人高喊"美人鱼第二"……

游泳节目完毕，八时即为花园舞厅剪彩开始，全场注目担任剪彩，影坛四姊妹龚秋霞、陈琦、张帆、陈娟娟均准时先行莅临。

针指八时，舞池音乐悠扬，歌声悦耳，有马尼拉乐队担任演奏，首唱我国国歌，次再奏英国国歌，全体肃立，此时热闹场面转为肃静起来。奏毕，四姊妹在乐声悠扬中，开始执着银剪剪彩，摄影记者

"开麦拉"电光闪闪不绝。

九时开餐，由沪上去港的名师主理，风味美好，无不满意。

继之开始跳舞，海风徐徐吹来，更觉清凉无比，一双双舞伴，无不迷倒于海滨花园舞厅中，流连忘返。

据调查结果，到场来宾达八千余人，打破历来记录，内外花篮之多，亦为前所未有。

丽池花园开幕后成为当时香港最大的娱乐场所。香港有史以来规模最大、水平最高的夜总会，给香港的上海人留下了难忘的回忆。程乃珊在《上海探戈》中曾写到丽池花园开幕的情况：

1947年，上海籍的香港白相人，有香港杜月笙之称的李裁法，在香港北角当时仍属十分荒芜的七姊妹区，造了一所足可与上海的高级夜总会媲美的俱乐部，名为"丽池花园"。这里的设计，用尽了上海滩的销金窟的奢华和好莱坞片"出水芙蓉"的炫丽，日间是尽显女人曲线美的游泳池，晚上则灯红酒绿，成为舞池。这里的舞池，几乎清一色是上海南下的舞小姐，对象也几乎是清一色南下白相或洽谈生意的上海大亨。[1]

树棻在《最后的玛祖卡——上海往事》中也写到了丽池花园开幕的情况：

> 他斥资在北角买下一块地皮，在上面兴建起气派恢宏的三层建筑，开了家丽池夜总会，里面设有舞厅、西餐厅和咖啡室。面积宽畅，装修豪华，布置典雅，服务周到，并且派人去上海邀来曾长期在仙乐斯舞厅中演奏的康尼·弗兰西斯乐队加盟演奏。
>
> 香港的舞厅和夜总会是随着大批上海人移居香港而发展起来的。舞厅老板、乐队、舞女甚至连舞女大班（当时大都由男性担任）大部分来自上海……[2]

---

[1] 程乃珊:《上海探戈》，学林出版社2002年版，第165—166页。

[2] 树棻:《最后的玛祖卡——上海往事》，上海文艺出版社2005年版，第68页。

从上面这三段文字可看出，李裁法为在香港打造海派的丽池花园，从剪彩嘉宾、餐厅厨师，到乐队、舞女等都从上海请来，可以说是用原版的海派人马在香港打造上海情调，输出上海的娱乐文化。当时的北角还很荒芜，大批的上海移民要到1949年前后才移居于此，李裁法可谓是最早用上海娱乐文化改造北角的先锋。当大批上海人涌进北角，发现这里竟有海派的丽池花园，于是继早期来丽池花园洽谈生意的上海大亨之后，很快成为花园夜总会的常客，推动了北角的"上海化"，丽池花园也因此在50年代初进入它发展的鼎盛期。如果说王宽诚开发北角的房地产，解决了上海移民的住宿问题，丽池花园则解决了他们的休闲和娱乐的问题。有得住，有得玩，住和玩又大致还如在上海一般，北角才能成为"小上海"。

对于丽池花园开幕后海派娱乐文化如何影响香港娱乐文化，程乃珊在《上海探戈》中也有一番论说：

特别到了1949年，大批有资金有专业的上海大亨南下香港，上海舞女们，也随之南下去找她们的老交情、老客户去，此时香港舞林，一概都是上海人的天下。

当上海人从上海白相到香港时，海派魅力强烈地冲击了香港传统的、珠江三角洲余韵浓厚的休闲业；以前香港的休闲娱乐，呈两极分化：一面是西人和本地大家族的沙龙式休闲，另一面是，平民性自发的大笪地式娱乐，大笪地在广东话原意，是指大片空地的意思。香港的大笪地休闲，成形之初，只是附近居民吃过晚饭来这里乘凉、聊天，然后开始人簇越来越多，开始吸引不少小贩、江湖卖艺者，随着都市发展影响，形成有吃有玩的平民游乐场。与同是平民游乐场的上海大世界相比，不论规模架构，还是设备活动项目，相差好远呢！上海白相文化的冲击，令香港人开始模仿，用海派包装去包装当地的休闲文化，再注入西洋元素，渐成港式娱乐，如用粤语唱上海流传开的国语时代曲，用七彩闪光的灯光效果营造纸醉金迷的豪华……可以讲，港式的娱乐文化，完全是先由上海人在香港白相开的。[1]

---

[1] 程乃珊：《上海探戈》，学林出版社2002年版，第166—167页。

李裁法打造海派的丽池花园就是上海娱乐文化冲击香港娱乐文化，进而促进其转型的重要事件，但其实际影响却是在与香港文化的不断磨合中实现的。

丽池花园的开幕盛况无疑刺激了李裁法对日后香港小姐选举的想象，他似乎觉得香港本土人士不足以对抗海派文化，他有能力操控香港小姐选举的品格。于是1948年7月18日在北角丽池花园夜总会举办的香港小姐选举，选出的冠军司马音是上海小姐，而且还传出港商黄霭初暗中力捧司马音的丑闻。

本来这第三次香港小姐选举因有丽池花园开幕的良好铺垫，观众达七千多人，也是颇为壮观的，但选举结果却引起社会热议。《上海舞讯》1948年创刊号做成了"香港小姐专辑"，各路人马极力爆料，流传出司马音的各种段子，但总的倾向是捧，周天籁、陈蝶衣都写了文章。各种文章多称司马音曾是上海大沪舞厅舞女，从上海去港才九个月，就因参加选美闪电成名，让她在上海的姐妹很嫉妒。也有文章称上海人能膺选香港小姐，亦是上海人的殊荣。然而反面意见也不少，其中《如此香港小姐！》认为冠军司马音原是香港巴喇沙舞场舞女，亚军周冰梅本是浙江人，到港后在百乐门舞厅伴舞，季军费姿也是百乐门舞娘。"呜呼，以货腰女郎而代表全香港的小姐，这未免把香港一般的小姐们辱没够了！"[1]

显然选出的香港小姐是上海小姐，而且是到港不久的上海舞女，港人自然不买账，怀疑港商黄霭初暗中捣鬼也很正常。而据黑子《香港小姐到上海》称，司马音现在丽池夜总会伴歌兼伴舞，"每月一千元港币，坐台子是每二十分钟一转，如果有一日没有台子坐着，场方亦照样付与一千元"[2]。丽池花园夜总会主持香港小姐选举，结果选出的小姐成了自家夜总会的舞娘，这肆无忌惮的事也就李裁法这种人才做得出来。

因1948年的香港小姐选举引起各方争议，效果不佳，1949至1951年中止了香港小姐的选举，直到1952年才恢复。1952年香港小姐选举还在丽池花园夜总会举办。对于这次选举，余慕云在《香港小姐与香港电影》中写道："到了1952年香港又恢复这项活动，是年选美会的规模更大，大会跟世界选美挂上钩的，即选出来的

[1]《如此香港小姐！》，《乌龙王》1948年第219期。

[2] 黑子：《香港小姐到上海》，《上海舞讯》1948年创刊号。

'香港小姐'可以出席美国参加'世界小姐'竞选。因此，1952年度'香港小姐'选举比起从前认真和隆重得多了。这次选美仍在北角'丽池花园夜总会'举行。各参选者先经过初赛（参选的有四十多人），复赛（取二十名），然后进行决赛。决赛时，佳丽们穿着多种服装（包括便服、泳装、礼服）出场表演仪态。竞选结果：但茱迪获得1952年度'香港小姐'冠军荣衔。"[1]树菜在《最后的玛祖卡——上海往事》中也写到这次选美："第一届'香港小姐'选举于1952年10月在丽池夜总会中举行。报上登出广告后，陆续来报名者挺不少，但多数是来自上海的新移民，原来香港居住的本地人并不多。但由于当时由沪迁港的小报《罗宾汉报》《铁报》等的卖力宣传，声势倒也不小。我母亲费宝树和张德钦的妻子汪某是好友，与李裁法夫妇也很相熟，因此在举行'选美'那天，她和汪某以及我的姨母陈费宝琪作为嘉宾被邀参加。李裁法还怂恿我的两位姐姐报名参加'选美'，但她俩不愿挤这热闹，都婉言谢绝了，只是作为宾客前去观看而

---

[1] 余慕云：《香港小姐与香港电影：1946～1988》，三联书店（香港）有限公司1989年版，第11页。

已。"[1]看来为办好这次选美，李裁法是用了很多手段。选举结果获得冠军的但茱迪虽还是上海人，但在香港长大，其父是著名电影导演和画家但杜宇，也可说是名媛了，这就避免了1948年因冠军是舞娘而遭批评的尴尬。

《最后的玛祖卡——上海往事》又写道："按照母亲告诉我的，当时的场面当然不能和以后在电视台中举行的'选美'相比，但以当时的条件而言，也算得上热闹而又隆重，参赛的佳丽素质也都不错，不至于像后来那样泥沙俱下，鱼龙混杂。因此这场'选美'在20世纪50年代初期的香港也可以算得上是个盛事。"[2]这说明1952年的香港小姐选举是成功的。1956年后香港小姐选举改由美国好莱坞环球影片公司香港发行公司承办。1973年起由香港无线电视台接办，直至今天。

丽池花园夜总会因李裁法而兴起，也因他而没落。后来丽池花园附近出现了金舫夜总会，算是填补丽池的空白，可毕竟没有昔日丽池的风光。黄傲云在《庙街的

---

[1] 树棻:《最后的玛祖卡——上海往事》，上海文艺出版社2005年版，第69页。

[2] 树棻:《最后的玛祖卡——上海往事》，上海文艺出版社2005年版，第69—70页。

未央歌》中道出了这种沧桑变幻：

> 十多年前，我初进大学时，偶尔和同学到北角的金舫夜总会去跳舞，在同一地点附近，金舫代替了五十年代初期的丽池夜总会。丽池的一带，当年号称小上海，什么上海理发、上海菜馆、上海裁缝，都在那儿出现，仿佛已把整个上海，都移到这里，因为这里多的是上海移来的人，到处都听到上海话，都嗅到臭豆腐，上海名人李裁法在丽池办过选美会，上海名人杜月笙也听说来过这里看过选美会。
>
> 后来李裁法坐牢了，杜月笙也仙游了。后来许多发了财的上海人，搬上半山的麦当奴道，留下的许多是破了财的上海人，因此这里是破落了，于是许多人说，金舫比不上丽池。
>
> 但金舫仍唱着上海旧日的歌……[1]

丽池夜总会虽然在北角消失了，但它曾有的辉煌却

---

[1] 钱乃荣主编：《20世纪中国短篇小说选集·第6卷（1990—1999）》，上海大学出版社1999年版，第464—465页。

电影《野玫瑰之恋》中的丽池夜总会

深嵌在上海移民的心中，那些选美岁月和"小上海"的兴起与没落都成为他们难忘的生命记忆。

1960年10月，香港国际电影懋业有限公司推出了王天林导演的电影《野玫瑰之恋》。这部电影描述的是50年代香港歌女野玫瑰和洋琴师的爱情故事，歌女野玫瑰所在的夜总会就是丽池夜总会。这一定不会是巧合，不管是致敬，还是怀旧，丽池在这一代上海人心中总有它的位置。

# "小上海"的西移与北进

北角被称为"小上海"是在20世纪50年代，60年代后随着福建人在北角的聚居和上海人与上海厂商的陆续离开，北角变成了"小福建"。

"小上海"离开北角，并不意味着它的消失，而是转移：西移和北进。移居香港的上海作家司明在《小上海与小台湾》一文中曾写到"小上海"的西移：

此地也有上海人麇集的区域，开始只是北角，已在五年前了，目前经过更是上海人的势力范围，走在英皇道上，上海人听到处处都是乡音，荣华酒楼底层的茶座上的主顾，上海人占什之九，最有"小上海"之目。

上海人在北角站定后又渐渐西移，目前铜锣湾区亦多"阿拉同乡"了。有条短短的伊荣街，上海人开设的店家目前已占其半。这半年来，又发展到铜锣湾以西。波斯富街以东的新骆克道……上海店家竟占什之七八……[1]

司明此文写于1955年，说明当时上海人在北角"上海化"的同时就已开始向西发展，也就是说在北角成为"小上海"的同时，上海人已在向西经营，于是在福建人进驻北角后，"小上海"西移之感就更强了。

司明在这篇文章中也写到了"小上海"的北进：

在九龙、尖沙咀区的几条横街亦麋集着上海人，自么地道到加金巴道这一带又成一个"小上海"。

---

[1] 司明：《小上海与小台湾》，原载1955年11月11日香港《新生晚报》，引自熊志琴编《异乡猛步——司明专栏选》，香港天地图书有限公司2011年版，第79—80页。

这以外，青山道自南而北再转为西后那一段的几条横街上，所居的上海贫民亦多。

郊区方面，荃湾多上海人，但还不能算小上海。[1]

这说明在港岛北部的九龙，上海人也开始聚居，而且已发展至郊区，这大致能反映"小上海"北进的态势，虽然这些地方除了尖沙咀还不能被称为"小上海"。

1956年，在司明写《小上海与小台湾》后一年，他又写了一篇《蕙荃里》，说"蕙荃里一百多户人家中，上海人占十分之九强，至少是小康之家"，又说"荃湾整个区域，外省人的势力业已后来居上，早能称作'小上海'，蕙荃里则属'小上海'的菁华"。[2]

从北角英皇道到荃湾蕙荃里，上海人在香港从寓居变成了安居，从都市异乡人逐渐变成了香港上海人。

---

[1] 司明：《小上海与小台湾》，熊志琴编《异乡猛步——司明专栏选》，香港天地图书有限公司2011年版，第80页。

[2] 司明：《蕙荃里》，原载1955年10月21日香港《新生晚报》，引自熊志琴编《异乡猛步——司明专栏选》，香港天地图书有限公司2011年版，第207页。

# 附录：

## 20世纪50年代香港冠名"上海"的企业名录

| 企业名称 | 地址 |
| --- | --- |
| 上海商业银行有限公司 | 大道中6号 |
| 上海老介福绸缎庄 | 大道中140号 |
| 上海新星洋装 | 大道东24号 |
| 上海枧厂 | 大道西245号<br>厚和街45号 |
| 上海餐室 | 德辅道西300号 |
| 上海联保水火险有限公司 | 德辅道中6号 |
| 上海美发室 | 德辅道中263号 |
| 上海西药行 | 雪厂街8号 |
| 上海公司 | 荷李活道93号<br>必打街8号<br>晋成街6号 |
| 上海镜器公司 | 荷李活道93号 |
| 上海绣装公司 | 摆花街28号 |
| 上海印书馆 | 威灵顿街74号 |
| 上海家私公司 | 轩鲤诗道331号 |
| 上海染厂 | 轩尼士道294号 |
| 上海冰室 | 怡和街2—6号 |
| 上海美容院 | 怡和街12号 |
| 上海新华公司 | 洛克道34号 |

| 企业名称 | 地址 |
|---|---|
| 上海财和家私公司 | 洛克道 192 号 |
| 上海良友喷油公司 | 谢斐道 133 号 |
| 上海华兴装饰公司 | 谢斐道 143 号 |
| 上海大陆公司 | 谢斐道 307 号 |
| 上海东山公司 | 谢斐道 452 号 |
| 上海进出口行 | 大坑道 12 号 |
| 上海商行 | 庄士敦道 124 号 |
| 上海雅式公司 | 高士威道 16 号 |
| 上海喷油公司 | 芬域道 7 号 |
| 上海日报 | 奇士域街 9 号 |
| 上海纸盒公司 | 摩理臣山道 20 号 |
| 上海士多 | 英皇道 336 号 |
| 上海孔雀洗染公司 | 英皇道 371 号 |
| 上海首饰公司 | 英皇道 376 号 |
| 上海中国公司 | 弥敦道 94 号 |
| 上海新雀服装公司 | 弥敦道 178 号 |
| 上海理发公司 | 弥敦道 186 号 |
| 上海旅店 | 弥敦道 361 号 |
| 上海钢琴公司 | 弥敦道 749 号 |
| 上海一新公司 | 弥敦道 794 号 |
| 上海酒家 | 上海街 438 号 |
| 上海九龙洗染公司 | 马头围道 83 号 |
| 上海兄弟公司 | 马头围道 230 号 |
| 上海老正兴菜馆 | 码头围道 362 号 |

| 企业名称 | 地址 |
|---|---|
| 上海美最时理发厅 | 宝其利街68号 |
| 上海原子理发公司 | 加连威老道32号 |
| 上海洗染公司 | 太子道120号<br>骆克道132号<br>雪厂街9号 |
| 上海土产公司 | 太子道162号<br>加连威老道9号A |
| 上海牲记 | 太子道180号 |
| 上海进步鞋厂 | 青山道76号 |
| 上海协兴机器厂 | 青山道木棉厦 |
| 上海图书公司 | 伟晴街49号 |
| 上海义成印刷所 | 新柳街10号 |
| 上海温泉浴室 | 尖沙咀宝勒巷3—5号A |
| 上海中央洗染公司 | 加拿芬道4号 |
| 上海机器洗染公司 | 加拿芬道16号 |
| 上海乔克生干洗公司 | 红磡芜湖街61—63号<br>花园道浅水湾酒店内（分店）<br>英皇道艇街对面山上（工场） |
| 上海印花公司 | 芜湖街地段959号 |
| 上海汽车行 | 柯士甸道108号 |
| 上海加连服装店 | 天文台道8号 |
| 上海益新公司 | 何棠道2号 |
| 上海顺记公司 | 庇利金街19号 |
| 上海兴记 | 庇利金街63号 |
| 上海无线电料行 | 广东道523号 |
| 上海义成印刷所 | 福建街 |

续表

| 企业名称 | 地址 |
|---|---|
| 上海漆咸洗染公司 | 漆咸道111号 |
| 上海缝业职工总会 | 太原街52号 |
| 上海机器制品厂 | 九龙城道51号 |
| 上海织业有限公司 | 福荣街178号 |

　　冠名"上海"的企业之多，反映了移民香港的上海人想把整个上海搬到香港的心态。这些企业只是上海在港企业的一小部分，但其分布情况也能大致反映出"小上海"在香港的势力范围。

中编

街区与住户

# 英皇道上的上海学生

美国旧金山《星岛日报》总编程怀澄在《穿越三个世界》中写到了香港北角。程怀澄是 1949 年 7 月由重庆乘飞机到香港的，当时的情况他记得很清楚：

> 飞机终于在启德机场着陆，香港天气非常炎热，没有人接机，我们办完入境手续，步出航站，便乘的士直抵尖沙咀码头，乘天星轮渡去香港。
>
> 在轮渡甲板上，第一眼便见到相识的人许大龙。大龙是南模同学，在他身旁的是杨蒙。杨蒙是上海中西女中学生，后来她应聘长城电影公司，第一次被介

绍给长城公司的导演和编剧们时，艳惊四座。长城要为她起个艺名，七嘴八舌提了不少，一致认为"蒙"字欠具吸引力，改为同音的"梦"字。在座的马国亮想起莎士比亚名剧《仲夏夜之梦》，建议用艺名"夏梦"，杨蒙本人和在座编导们均感甚佳，从此便叫夏梦。她第一部片子便当主角，后成长城的台柱子。夏梦改名的故事是马国亮先生告诉我的。

我们乘轮渡抵达香港后，便乘的士直赴铜锣湾钱家，钱祖龄伯伯是父亲的挚友，我们初到异地，便在他家暂时栖身。次日姆妈就带我去不远的北角寻觅适当的住处。[1]

程怀澄初到香港的情况，应有一定的代表性。当时很多上海人到香港时也会在机场、码头遇到老同学、老熟人，也是先投靠亲友，再出去找房子找工作。"南模"是上海南洋模范中学的简称。轮渡甲板上尚未改名夏梦的杨蒙还是个普通的上海移民。

程怀澄的母亲很快在北角英皇道找到了住处。英皇

---

[1] 程怀澄：《穿越三个世界》，文汇出版社2017年版，第104页。

道在程怀澄眼中是这样的：

> 北角是一个新开发区，主街英皇道两旁都是新建或在建的居民楼，香港开发商抓住大批南下新居民带来的商机，建造大批居民楼。居民楼的公寓只租不卖，租楼要先付一笔数字可观的顶金。姆妈办事果断，迅速确定顶下英皇道一幢新楼的四层一个单位。这是一套三卧室两浴室的公寓，房间都偏小，两间小的卧室只能放下一张双人床或两张单人床，再没有地方可以放其他家具。租好房子，接下来便是买家具，香港的家具远不如上海，当然我们没有去最好的家具店，我们不知道高档店是哪一家。
>
> 我们在钱伯伯家只住了四五天，便迁入新居。英皇道在北角的一段是上海人集居的地方，临街的商店大多是上海人经营，我们的楼下是四五六上海餐馆，对面的一家也是上海菜，名三六九，还有上海人开的美容院，上海人开的零售商店，有一家零售商店是杭州人开的，两个女儿看着商店招呼顾客。[1]

---

[1] 程怀澄：《穿越三个世界》，文汇出版社2017年版，第105页。

程怀澄对这家公寓的记载很有史料价值，通过这个记载，我们可看到当时新开发公寓的出租和房型情况，就能对那一代移民的居住情况有个大致的了解。虽然程怀澄没记下这家公寓的名字，但从"我们的楼下是四五六上海餐馆"，可以锁定这家公寓在英皇道340号。程怀澄说"临街的商店大多是上海人经营"，这说明1949年时英皇道就有很多上海人经营的商店了。关于这方面的情况，我会在本书下编写到，除了写英皇道的商店和上海的关系，也会写到英皇道的一些厂商和上海的渊源，当然也会把四五六菜馆的情况写清楚。

程怀澄《穿越三个世界》的史料价值不仅在于记载了英皇道新兴公寓的出租情况，也写到了住在这些公寓里的上海人的情况：

　　住在北角英皇道，有许多上海南模的同学住在附近，所以很快有了一个朋友圈。这个朋友圈中有张氏昆仲和潘氏昆仲，都是南模同学。张氏昆仲，兄乃兴，弟乃赓，是湖州南浔张氏大族之后，他们的二伯父张静江因以巨额资产资助辛亥革命，与孙中山交厚，国民党尊其为元老。张氏昆仲的父母在台湾，他俩居住香港。因无长辈同住，他们的公寓成为我们聚会的理想地点。潘氏兄祥麟、弟祥骏随父母生活。潘氏原籍广东，久居上海，他们的父亲经营的大华电影院（解放后更名新华）是上海最好的电影院之一，独家放映米高梅公司影片，生意鼎盛。他们在香港某中学上学。还有两位不是南模同学，因近邻而相识，一位是严仁燕，宁波人，其曾祖父严信厚是沪上殷商，曾任上海总商会第一任会长，他家经营的商业中以南京路老九章绸缎店最负盛名。仁燕只身居港，在九龙一纺织厂工作。另一位是徐廉，上海人，父亲是商人，他在上中学。以上连我7人，除祥麟常独来独往，余6人皆同出同进，朝夕相处。[1]

这段文字让我们看到英皇道的上海人中居然还形成

---

[1] 程怀澄：《穿越三个世界》，文汇出版社2017年版，第106—107页。

了一个"南模"朋友圈,可见当时英皇道的上海人不仅数量多,而且他们大致还是按照在上海的关系而聚居,这就有一种复制上海生活圈的意味。

程怀澄还写到了他的芳邻:

> 近邻中也有女生,一位是杨曼英。她是上海沪江大学学生,随母来港定居北角。她成家后与丈夫郭氏经营进出口公司。她的女儿嫁唐英年。曼英虽已高龄至今仍在主理其公司。还有蒋氏姊妹三人,最小妹妹名惠玲,后加入长城电影公司,用艺名"石慧",与夏梦同为长城台柱子。我们认识石慧时她13岁,在读初中,她能歌善舞,是我们的最佳舞伴。[1]

原来石慧也曾住在英皇道。这提醒我们,当考察北角的历史,考察英皇道上海人的生活时,不应忽视生活在这里的"上海学生"的生存状况。像程怀澄这样的"上海学生"到港后最苦恼的是没有一个正经的学校可以

---

[1] 程怀澄:《穿越三个世界》,文汇出版社2017年版,第107页。

石慧（1953年10月17日香港《新晚报》）

上学，于是很多人成了失学青年。程怀澄这样记述当时的心情："在香港有这么多好朋友，天天聚在一起，享受着浓浓郁郁的友谊，也感受着悠悠忽忽的失落，特殊的时空让我们聚在一起，无奈地消磨青春。我们有的是时间，缺的是正经。"[1]这是另一种阳光灿烂的日子，这样的人生状态值得记录，也值得艺术地再现。

为了升学，1950年11月程怀澄回到了上海。

---

[1]程怀澄:《穿越三个世界》，文汇出版社2017年版，第108页。

# 继园台的故事

继园台在北角电照街与丹拿道交口东侧，20世纪50年代为高档住区。最早开发此地的是陈济棠的长兄陈维周，1941年他在此建成传统私人宅院继园，后继园和电照街之间逐渐形成继园台住区。

说到继园，必要提到陈树渠。陈树渠（1914—1973），字仲成，广东防城（今属广西）人。其父陈维周曾任两广盐运使、第六路军总部参议。陈树渠早年留学美国哥伦比亚大学，回国后在北碚复旦大学法学院任教，后历任广东防城县县长、海南建省委员会秘书、国民政府参政等职。20世纪40年代末期随父到香港经商、兴学。60年代在继园台创办了仁伯英文中学。因陈树渠是"民革"成员，40年代继园一度成为"民革"在港的活动基地。

因此地环境好，吸引了很多名流，魏道明、孟小冬等都曾在此居住。著名文学史家司马长风也曾住在继园台。但此处住户又并非都是名流，例如2号，50年代的住户是方有均医生，其诊所在英皇道328号，距此很近。9号，60年代是伍秉彝创办的圣云仙幼稚园。11号，据50年代电话簿上记载为华夏企业有限公司经理住宅。华夏轮船公司，是中国共产党第一个海外公司，注册登记时定名为华夏企业有限公司，组建时的经理是王兆勋，1950—1959年间经理是刘松志。16号，60年代二楼是杨名耀的建新行。

2019年杨凡导演的动画《继园台7号》获得威尼斯影展最佳剧本奖，此后继园台竟成为热词。《继园台7号》写的是20世纪60年代兼职做家教的男大学生与年轻女子美玲和美玲的单身母亲虞太太的三角爱情故事。继园台7号的真实故事并不比它逊色。1949年继园台7号是商务印书馆李孤帆的寓所，这一年2月李家曾举办过一次家宴，《马寅初年谱长编》有记载：

　　　　1949年2月25日　　应邀赴继园台七号李孤帆家
　　　宴，与潘汉年、许涤新、张炳伯、俞寰澄、包达三、
　　　陈叔通、张志让、盛丕华等同席。[1]

50年代后这里是商务印书馆香港印刷厂厂长寓所，后李
孤帆迁至北角渣华道80号6楼居住。

　　1949年撤至缅甸的李弥50年代也曾在继园台7号
住过。王丰《蒋介石心传之蓝鲸行动之谜：美蒋斗争秘
史》写道：

　　　　当时李弥小舅子龙昌华，住在香港铜锣湾莲花
　　　宫，他过去第八军的军需处长邹澜清，都已经事前
　　　在香港做了安排。等李弥到香港后，也在这些亲朋
　　　故旧照顾下，寓居北角十姊妹继园台七号。邻居不
　　　乏"国府"昔日名流首长，像吴铁城、何绍周。[2]

---

　　[1] 徐斌、马大成编著：《马寅初年谱长编》，商务印书馆2012年
版，第438页。
　　[2] 王丰：《蒋介石心传之蓝鲸行动之谜：美蒋斗争秘史》，现代出
版社2016年版，第232—233页。

20世纪50年代的继园大门

可见当时继园台还有一批流寓香港的国民党政要。

　　然而继园台7号并不都是名流政要的居所，50年代后期这里的居民发生了变化，一些上海和江浙移民开始入住。宋淇和张爱玲这一时期就住在附近的继园街。我藏有一个1961年继园台7号寄上海的老信封，寄信人姓徐，具体寄出地址是"7A号地下"，就是一楼，或许是个小商店。这说明60年代这里的上海人已有不少了。这位姓徐的人士有着怎样的继园台故事已难知晓，但无疑徐家也是整个继园台7号故事中的一节，他们的存在正是"7号"从不平凡走向平凡的标记，就像整个50年代后期的香港一样，传奇已然结束，生活还要继续。

　　亦舒的小说《我们不是天使》中也出现过继园台：

　　　　马世雄说："我知道你的意思，我自幼住继园台，闲时与祖父到赛西湖散步，前两年上去探访故居，迷了路，茫茫然似做梦一样，感觉十分凄惶。"

　　　　"为什么要这样对我们？"邱晴不甘心。

　　　　"这是一个没有回忆的城市。"

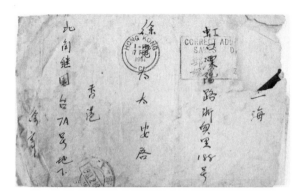

继园台寄上海的老信封

"这样无情，为什么？"

马世雄沉默一会儿："也许是为着我们好，逼着我们往前走，不思回头。"

"但往事已是我生命的一部分，不能像录音录影带般洗脱，不用等到懒慵春日，或是午夜梦回，它已悄悄出现。"[1]

继园台已是离开继园台的马世雄们"生命的一部

---

[1]亦舒：《我们不是天使》，湖南文艺出版社2018年版，第239—240页。

分"，生活逼着他们往前走，但记忆如影随形，终会以另一种形式出现，于亦舒是小说，于杨凡是动画，而对更多的马世雄们来说，也许是还没来得及讲完的故事。

# 从大美华女鞋店到上海礼拜堂

北角道是北角地区一条南北向的街道，北接和富道，南连英皇道，中段与渣华道相交。20世纪50年代这条街也是上海移民聚居的地方，东边有苏浙小学、鸿翔服装店，西边有大美华女鞋店，这些商户和学校的存在显然是因为此地上海人居多，有其特定的消费市场。

大美华女鞋店本是上海老店，以"飞脚"牌商标闻名于世。余致胜《大美华鞋业公司的创业》称，"三十年代在石门一路45号开设了一爿专做江南姑苏传统女式绣花鞋的东华鞋铺。业主姓周。该店前店后工场，精做各类高雅秀丽的苏绣女鞋。做工精湛，穿在脚上轻软舒适，

基督教上海礼拜堂

还能根据顾客要求的式样设计定做。所以，顾客盈门，生意兴隆。由于业主经营得法，经营范围扩大，到1937年，周老板与大陆鞋铺业主严某、美光鞋铺业主陈某合股联办，把门面扩大为三开间。1945年，从三爿鞋铺的店名中各取一字，定名为'大美华布鞋店'"，后经营范围扩大，成立大美华鞋业公司，在泰国、菲律宾、香港等地开设分店经销。[1]北角的大美华女鞋店应是这家上海老店的分店。

大美华女鞋店的隔壁是小月园桃园餐厅，门牌是3号，后3—5号建成皇冠大厦，底商有皇冠大药房等。后皇冠大厦阁楼成为基督教上海礼拜堂，是香港唯一说上海话的礼拜堂，至今犹在。

大美华女鞋店早已悄然退出北角的历史舞台，上海礼拜堂却坚守着昔日的岁月。

---

[1]中国人民政治协商会议上海市静安区委员会文史资料委员会编：《静安文史》第7辑，1992年，第77页。

# 堡垒街的上海女人

堡垒街是北角地区东西走向的一条街道，位于英皇道与建华街之间，长 300 多米。在这条不长的小街 20 世纪 50 年代曾聚居了很多上海人，据香港作家小思回忆，"国共内战期间，大量上海人避走香港，聚居在北角堡垒街、建华街一带。这些上海新移民纷纷在区内开店营生，上海理发店、南货店、餐馆等如雨后春笋般在北角的街道上出现，穿旗袍的上海贵妇人穿梭于这些店铺间，吴侬软语此起彼落"[1]。小思所说的北角街道上雨后春笋般出现的上海理发

---

[1] 小思：《思香·世代》，牛津大学出版社（中国）有限公司 2014年版，第 116 页。

店、南货店、餐馆，主要集中在英皇道，本书下编将通过一些个案来考察这些商户与上海的渊源。就堡垒街而言，它虽有九龙海关[1]、信记有限公司、延平酒店等商号，但主要还是个居民区，本书中编附录的《堡垒街住户、商号名录（20世纪50年代）》主要是住户名录，这些住户中有多少是上海或江浙移民还需再做考察，本文主要想对曾住在或来过这条街的上海女人（此处也指有上海生活背景的江浙女人）做些钩稽。

25号住户王韵梅，是首届"上海小姐"选举冠军，后移居香港堡垒街，具体考证见下编《"上海小姐"或隐身北角》。

27号住户袁树珊，是上海迁港的著名星相家，"马连良夫妇离开香港之前，曾请星相家算命卜卦。这个有名的星相家，就是住在堡垒街的袁树珊"[2]。马连良夫人

---

[1] 九龙海关在堡垒街3号和5号，是四层楼宇。1950年10月，九龙海关缉私舰队开穗，九龙海关撤销了驻香港办事处属下所有机构，办公地点由公主行迁至堡垒街。1960年后此处房产由外贸部驻港机构华润公司代管。

[2] 余世存：《安身与立命》，北京联合出版公司2016年版，第236页。

马连良夫人陈慧琏(《京报图画周刊》1934年12月2日)

陈慧琏生于杭州，长于上海，其海派气息对马连良深有影响。据《太太是翻译大员：马陈慧琏》称，马连良在上海应酬时，夫人当翻译，"说的都是带着苏州口音的上海白"[1]。

37—39号的星都招待所是张爱玲好友宋淇开办的。1950年上海作家潘柳黛以讨债为名到达香港，最初就住在星都招待所。

当时移民香港的政要和富商为保护隐私很少透露自己的住处，电话簿只登记着"某宅"，后来的相关著作也很少提及他们住处的门牌，因此这些住户的具体门牌号码就不易考证了。

据孙科女儿孙穗芬称，20世纪50年代她和母亲蓝妮曾住在堡垒街，当时孙科住在浅水湾，常去看望她们。[2]

---

[1] 路透：《太太是翻译大员：马陈慧琏》，《时代生活》1946年第3卷第13期。

[2] 沈飞德：《民国第一家——孙中山的亲属与后裔》，上海人民出版社2002年版，第327页。

当时杜月笙的儿子杜维屏也住在堡垒街，但和蓝妮一样，具体门牌号码不详。那时移居香港的杜月笙家族成员多住在北角，杜维藩一家住在建华街，杜维垣、维新住渣华街，杜美霞和丈夫金元吉住在渣华街32号金廷荪家中。堡垒街南面是建华街，距渣华街也很近，这条街上应不乏杜家女性的身影。

周兆棠，浙江诸暨人，国民政府陆军中将，曾任上海兵站总站长、国民政府立法委员。1949年春从南京迁至香港，住堡垒街，具体门牌不详。堡垒街7号，当时电话簿上登记为"周宅"，不知是不是周兆棠住所。

堡垒街7号二楼是移居香港的上海名医朱鹤皋的诊所，朱主治妇科，想来往来堡垒街的上海女人中一定有来此看病的。

在小思的印象中，北角街道上"穿旗袍的上海贵妇人穿梭于这些店铺间，吴侬软语此起彼落"，想来堡垒街上亦是这番景象。

# 寻常街巷的不寻常移民

　　建华街在堡垒街之南，20世纪50年代也是上海人聚居的地方，现已是寻常街巷，但当初住在这里的上海移民中也颇有几位不寻常的人物。我最想写的是一些寻常上海移民的日常生活，但寻常人在历史上留下的痕迹太少了，查档案、做口述当下都无法进行，只能通过记录不寻常移民的点滴旧事来展示这个街区过往生活之侧影。

　　建华街的上海移民，我最早关注的是顾宗瑞。据王耀成《顾宗瑞先生年表》记载，1949年5月，顾宗瑞迁居香港，先住在董浩云九龙塘私它佛道，后移居北角建华街。[1] 年表没有写顾宗瑞在建华街的门牌号码。我偶然在50年代的电话号码簿上发现顾宗瑞住在建华街11号A。

顾宗瑞是船王董浩云的岳父，郑会欣《何时回首谢红尘：董浩云传》对顾宗瑞的历史和他与董浩云的关系有如下记述：

> 顾宗瑞（1886—1972），浙江镇海人，幼年从家乡到上海，投身航运，成为业内元老。顾宗瑞30岁时即在上海创办泰昌祥报关行，后改名为泰昌祥轮船公司。1926年又创设永亨轮船公司和永安轮船公司，自置"永亨""永升"二轮，并代理其他同类型船舶，行驶于沪津航线。他曾联合招商局和三北等公司，与外商轮船公司分庭抗礼，不遗余力，争取航权，为航运业人士所称道。
>
> 由于顾宗瑞经营上海天津间的航运，与天津

---

[1] 王耀成：《顾宗瑞先生年表》，宁波市政协文史委员会编《中国近现代航运世家——宁波顾氏家族（史料篇）》，中国文史出版社2008年版，第43页。

航运公司多有生意往来，因此认识了董浩云。当时董浩云刚从上海到天津不久，只是一名普通的公司文员，但顾宗瑞在交往中发现他很有才智，在同乡也是董浩云的上司王更三、张之奎的介绍下，最终同意将长女顾丽真许配给他。对于年轻的董浩云来说，顾宗瑞不仅是乡贤，更是航运界的前辈，他的经验对于董浩云无疑是十分宝贵的。董浩云婚后不久，顾宗瑞得知他创业的理想后极为赞赏，并在资金上予以支持，这种精神上和经济上的鼓励与支持，对于初初创业、手头拮据的董浩云就更加显得珍贵。[1]

抗战期间，顾宗瑞在上海开办瑞泰毛纺织厂。1949年后泰昌祥轮船公司迁往香港，继续经营航运事业。

顾宗瑞是浙江人，建华街上当时还住着两位不寻常的浙江人。

---

[1] 郑会欣：《何时回首谢红尘：董浩云传》，新星出版社2017年版，第317页。

建华街27号住户中有一位宣铁吾[1]。宣铁吾（1896—1964），浙江诸暨人，国民革命军陆军中将。曾任上海市警察局局长、京沪杭警备副总司令。1949年后移居香港。前面提到的住在堡垒街的周兆棠也是浙江诸暨人，流寓香江的同乡，尽可能住得近一点，能互相照应，也便于联系走动。

1948年蒋介石命蒋经国为经济督导员，派他坐镇上海，整顿经济。蒋经国最倚重两个人，一个是宣铁吾，一个是王新衡。王新衡（1908—1987），浙江慈溪人，曾任保密局上海站站长、上海市政府参事。1949年到香港，担任中国国民党南方部主任。王新衡在建华街的具体门牌现在还不清楚。陈重伊在《杜月笙外传》中写到杜维藩时偶然留下了王新衡住所的一个线索："杜维藩的太太先带小孩到香港，住过九龙李丽华的房子，后来杜维藩抵港后，一家6口便花两万港币在建华街买了一层楼，跟同从上海来的王新衡隔街对门。"[2]可惜《杜月笙外传》

---

［1］徐范：《宣铁吾生平事迹》，中国人民政治协商会议浙江省诸暨县委员会文史资料委员会编《诸暨文史资料》第3辑，1988年，第56—67页。

［2］陈重伊：《杜月笙外传》，中共党史出版社2014年版，第381页。

没有写杜维藩在建华街的门牌，王新衡住所就不好确定了。1950年10月，王新衡在寓所被刺，经送玛丽医院抢救，才保住性命。当时得到消息的杜月笙还亲往玛丽医院去看王新衡。

当年蒋经国在上海"打虎"，曾抓了杜月笙的儿子杜维屏，几年后他"打虎"的得力干将却和杜月笙的长子杜维藩成了邻里。

建华街除了住过上面这些不寻常的政商人士，还住过一位艺术家，他就是戴天道。戴天道，武汉人，生于1915年，著名词作家。20世纪30年代是武汉合唱团领导成员之一。1949年前到香港，以经营地毯生意为名为中国共产党做地下工作，"文革"前回到内地，后又去了香港。他作词的名曲《思乡曲》1997年香港回归前夜在庆香港回归的北京主会场上唱响。

# 汪明荃在清华街的读书生活

清华街是建华街南面的一条小街，程乃珊和汪明荃曾住在这里。清华街9—11号在20世纪50年代曾是交通银行的房屋，程乃珊的祖父程慕灏当时是香港交通银行经理，程乃珊说她"10岁时，一度也在北角清华街住过"[1]，说明她当时是和祖父程慕灏住在一起，具体门牌号码应是9或11号。

程乃珊10岁时是1956年，这一年秋天汪明荃从上海

---

[1] 毛时安、程德培、如月编：《外面的世界：中国人在海外，外国人在中国》，湖南出版社1993年版，第55页。

来到香港，家也在清华街。此后汪明荃开始在清华街上的学校读书。

当时这条街上有两个学校，19号是圣犹达学校，30号是苏浙公学。关于汪明荃的读书生活，主要有两种说法。雍薇在《汪明荃的自信与坚毅》一书中称"已经在上海读完了小学三年级的汪明荃，此时转学到位于香港北角的苏浙公学继续念书"。[1]《海外上海名人录》则称"汪明荃在香港圣犹达小学上学时，第一次登上了舞台，扮演《白雪公主》中的女巫一角"[2]。

据《绵绵60年　情系北角历变迁——记圣犹达堂口述历史》称，1958至1968年担任圣犹达堂助理司铎的杨庆松神父，在牧职之余也要在小学教圣经科。他记得"有一位五年级女学生，在庆祝会表演唱歌时特别好听，心想：这么小唱歌便了得，长大后一定有成就。这位小五女生，便是汪明荃。杨神父形容，她除了唱歌悦耳，人亦聪明，后来索性跳过六年级，直接考入隔邻的苏浙

---

[1] 雍薇编著：《汪明荃的自信与坚毅》，东方出版社2008年版，第6页。

[2]《上海侨务志》编纂委员会、上海社会科学院世界史研究中心编：《海外上海名人录》，上海教育出版社1991年版，第346页。

公学读中一"[1]。这说明汪明荃刚到香港不是转学到苏浙公学，而是在圣犹达小学（即圣犹达学校）读书。但万维百科"汪明荃"条又说汪明荃曾在苏浙小学读书，这到底是怎么回事呢？

苏浙公学创办于1958年，后苏浙小学中高年级迁入，称为南校，原北角道苏浙小学称北校。汪明荃刚到香港时苏浙公学还未创立，她不可能转入该校。1957年12月15日，圣犹达堂（在建华街30号）落成，举行首祭，圣犹达学校也在此时开学。汪明荃刚到香港时清华街没有圣犹达学校，也没有苏浙公学，她是转入了北角道的苏浙小学，

清华街2017年街景，街道尽头是苏浙公学，左边即原来的圣犹达学校

[1]《绵绵60年 情系北角历变迁——记圣犹达堂口述历史》，《天主教圣犹达堂建堂六十周年纪念特刊1953—2013》，2013年，第23页。

后又由苏浙小学转到圣犹达学校，最后由圣犹达学校考入紧邻的苏浙公学。

苏浙公学毕业后，汪明荃在1966年投考丽的映声第一期艺员训练班，1967年成为合约演员，从此开始了她的演艺事业。

# 林忆莲的明园西街记忆

　　林忆莲原籍浙江宁波，父母是移民香港的上海人。林忆莲小时候住在北角明园西街，父亲曾是香港华乐团的二胡乐师，母亲是绍兴戏业余表演者。明园西街当时也是上海人聚居的街区，但本编附录的《明园西街住户名录（20世纪50年代）》中的住户哪些是上海人，还不清楚，现在就以林忆莲为例来说明当时明园西街的居民状况。

　　明园西街原名名园西街，因此地原有一个名园游乐场。《图说香江：名园游乐场，约1920年》介绍了这个游乐场的历史："开业于1918年，位于现北角电车总站与明园西街一带，其背后的山坡曾被称为名园山。园内有中西食肆、花园、戏园、酒店及游泳场，不少人在此举行婚礼，端午节办龙舟竞渡，港督也出席。1923年，由名园至石塘咀的巴士开办，电车亦设一名园专线。名园于1930年代中正式结业。"[1]二战后名园旧址被拍卖建楼，名园彻底消失。上海商人王宽城开发名园山建明园大厦后，名园的名称被明园取代，名园西街就变成了明园西街。

有关林忆莲的各种报道多提及童年时她曾住在明园西街，但都没有说她具体住在哪个公寓，好在林忆莲有文字记述她童年的公寓生活："我们一家五口，租住一个公寓的小房间。当时所有的娱乐设施，就是房里的一部卡式收录机、房东太太放在公共走廊的电视机。记得以前下了课，老守在收录机旁，在昏暗的灯光下，一心等着听喜爱的歌曲。那时候，空气中经常飘送着饭菜香味，因为各房住户共享一个厨房，所以每到用膳时间，不同的香味轮流从走廊飘到房间。"[2]

---

[1]《图说香江：名园游乐场，约1920年》，香港《文汇报》2009年1月20日。

[2]林忆莲：《忆莲带路——尝上海民间滋味》，青岛出版社2007年版，第17页。

　　对于上海，林忆莲总有一种特别的感情，她曾说："我一直在追求'真正'的上海风味，虽然在香港出生长大，但上海菜却能给我一种类似根的认同，当中还有最亲切的童年回忆。……从小家里吃饭已是上海和广东菜和大会串。我外婆是广东人，爸爸则爱上海菜，所以每餐饭起码有一道很上海的菜，像油爆虾；还要一道很广东的菜，像节瓜粉丝。"[1]

　　1966年6月12日，北角山洪暴发，明园西街的汽车被冲至街口，网上有一张照片记录了这一幕。

　　这张照片不仅记录了山洪冲击的场面，也让我们看到了20世纪60年代明园西街的样貌，这时林忆莲出生还不到两个月。几年后林忆莲和外婆、弟弟也在街口拍了张照片，拍摄机位和上面那张照片大致相同，可以看出前后的变化，也可看出正常情况下明园西街的样子。

　　林忆莲小学时在北角街坊会陈维周夫人纪念上下午学校（马宝道82号）上学，每天要走出这个街口，穿过英皇道，向北进入马宝道，这里有她太多的回忆。

---

　　[1]林忆莲：《忆莲带路——尝上海民间滋味》，青岛出版社2007年版，第17页。

被山洪冲击后的明园西街

林忆莲和外婆、弟弟在明园西街

# 附录：

## 香港北角英皇道行号名录（20世纪50年代）

| | | | | 银龙汽车公司 | | | 剑桥百叶窗公司 | 中国纸业公司 | 基建洋行 | |
|---|---|---|---|---|---|---|---|---|---|---|
| | | | | 27 | | | 37 | 39 | 41 | |

英　　　　皇　　　　道

| | | 智群运输馆 | | 淑群女校 | | 英皇士多 | | 香港妇女补习学校 | | | |
|---|---|---|---|---|---|---|---|---|---|---|---|
| | | 6 | | 10 | | 16 | | 26 | | | |

| | | 福昌洋行 | | | 养吾堂药厂 | 国民收银机器公司 | 成报 | | 新英华汽车公司 | |
|---|---|---|---|---|---|---|---|---|---|---|
| | | 81 | | | 93 | 99 | 101 | | 121 | |

英　　　　皇　　　　道

| | | | | | | | | | | |
|---|---|---|---|---|---|---|---|---|---|---|
| | | | | | | | | | | |

| 通明无线电机行工厂 发利服装制造厂（香港）工场 | 东方出版社 东风有限公司 中央的士公司 中国冷房 嘉华印刷有限公司工厂 | 义典 远生金属制品厂 | 志卫公司工厂 | 民众布厂 | 香港制罐公司 | 兴昌隆 | 宏兴鹩鸹莱港行工厂 昌兴印刷所 | 光亚公司 | 源兴 | 中南电筒厂 | |
|---|---|---|---|---|---|---|---|---|---|---|---|
| （139A）139 | 141 | 143 | 145 | 145 147 | 147 | 149A | 151 | 161 | 163 | 165 | |

英　　　　皇　　　　道

| | | | | | | | | | | | |
|---|---|---|---|---|---|---|---|---|---|---|---|
| | | | | | | | | | | | |
| | | | | | | | | | | | |

86

| 良图装修公司 | 太平洋商业行 | 沙的 | 万国新闻社 | 中南公司工厂（钟表批发） | 裕利洋行有限公司　海光出版社（3楼） | 胜利冷气公司 | 建华制笔厂　梁新记 | 璇宫戏院 | 易通英文书院 | 中国照相馆 | 丽宫酒楼 |
|---|---|---|---|---|---|---|---|---|---|---|---|
| 167 | 169 | 171 | 173 | 175—185 | 193 | 197 | 203 | 279—291 | 289—291 | 297 | 299 |

## 英　　　皇　　　道

| | | | | | 合群公司 | | 陈联记罐头公司 | 合成公司 | 金门 | |
|---|---|---|---|---|---|---|---|---|---|---|
| | | | | | 178 | | 264 | 272 | 274 | |

| 美登公司 | 金印公司 | 景福公司 | 西施洗染公司 | 兰清士多 | 联中公司 | 福禄园 | 东方大药行 | 泰云酒店 | 清华中学 北大商店 | 金时百货 北角支店 | 联邦皮具公司 | 北光 | |
|---|---|---|---|---|---|---|---|---|---|---|---|---|---|
| 301 | 303 | 305 | 307 | 309 | 313 | 315 | 317 | 327 | 339 | 341 | 343 | 345 | |

英　　　皇　　　道

| 六国汽车公司 | 国芳时装公司 | 云华酒店 云华餐厅 燕云楼 | 孙邦藩医生医务所 | 永泰公司 公兴（士多） | 金城盛记 正南兴业有限公司 | 吴国全医生医务所 | 北角霖记士多 | 大明汽车公司 | 九华园饭店 华美 爱斯商店 | 郑佳记华亚贸易行11楼c | |
|---|---|---|---|---|---|---|---|---|---|---|---|
| 306 | 308 | 310—316 | 318 | 320 | 322 | 324 | 326 | 328 | 330B | 330 | |

续表

| 海角有限公司 | 丽都（厚记）公司 | 上海孔雀洗染公司 | 华华士多 | 胜家衣车公司 诊所 港九工团联合总会北角 | 萝蕾商店 | 五芳斋 | 英皇酒家 | 桃园士多 | 英皇无线电器行 | 皇家公寓 | 一新机器洗染公司 | 云裳 |
|---|---|---|---|---|---|---|---|---|---|---|---|---|
| 371—373 | 373 | 371 | 369 | 367 | 365 | 361 | 359 | 357 | 357A | 355 359 | 349 | 347 |

## 英 皇 道

| 泰成行 | 亚芝洋行伊士 美路住宅 万生和记 | 建源行 | 广生昌罐头公司 金星洋行住宅 欧迪建筑工程公司 | 陈先梅牙医 | 永生留产院 嘉宁大药行 | 润德书局 | 四五六菜馆 | 幸福公司 日光水电工程 任宅 | 上海士多 | 大光明理发公司 |
|---|---|---|---|---|---|---|---|---|---|---|
| 372 | 370 | 368 | 366 | 348 | 346 | 342 | 340 | 338 | 336 | 334 |

| 亨利士多 | 吉利贸易行 广兴隆 | 聚源行 北角餐室 | 华荣 | 海角有限公司 新新公司 | 丽来行公司 海角公寓 | 龙叶惠词 黑白时装公司 | 华国出版社 | 造寸时装公司 | 万象药行 安宁行 |
|---|---|---|---|---|---|---|---|---|---|
| 393 | 391 | 389 | 387 | 385 | 383 | 381 | 379 | 377 | 375 |

英 皇 道

| 万国建筑材料公司 | 香港胶板厂 | 永利 | 都城戏院 | 上海鸿翔公司 | 明园大厦 | 光达行 宝盖火水服务站 | 亚洲石印局 | 马德立公司 | 北光 | 上海首饰公司 | 皇后饭店 |
|---|---|---|---|---|---|---|---|---|---|---|---|
| 436 | 434 | 430 | 426 | 420—422 | 410—424 | 404 | 390 | 388 | 378 | 376 | 374 |

| 香港商报 | 香港烟草有限公司 | 黄电安会计师 皇宫家私装饰公司 | 绮霞商店 | 何绍德堂 | 泰来 | 正心中学 | 基督教女青年会第二宿舍 | 新华 | 北角肉食公司 | 商务印书馆 香港印刷所 |
|---|---|---|---|---|---|---|---|---|---|---|
| 499 | 487—499 | 473 | 459（1966年） | 457 | 443 | 441 | 429 | 427 | 425 | 395 |

## 英 皇 道

| 宝源实业有限公司 | 启昌 | 锡光学校 | 中光铁造厂 | 南华印刷有限公司 曾福琴行工场 隆兴厂 | 太平洋织造厂 | 英发隆 | 臻庭堂 | 福兴 | 怡兴 | 伟林公司 | 中实建业公司 |
|---|---|---|---|---|---|---|---|---|---|---|---|
| 494 | 490 | 482—492 | 482 | 480 | 478c | 476 | 474 | 470 | 468 | 462 | 440 |

　　20世纪50年代英皇道居民就是在图中这样的环境中生活的。英皇道的街区照片很少，很多街区的细部照片更难寻觅，因此我据各种资料绘制了《香港北角英皇道行号名录（20世纪50年代）》（因掌握资料有限，只能大致标示这些商号的位置），希望通过行号名录来展示当时英皇道的商业环境。但要了解英皇道的居民是如何生活的，行号名录只提供了大致的街区位置和邻里环境材料，更多内容还要靠采访老居民来获得。此外，《英皇道个人电话用户名录（1955年）》中的居民不一定都是上海人，但据各种资料推断，其中上海人或江浙人应该居多，可惜我尚未能掌握这些居民及其后代的信息，暂未能展开口述采访，目前只能通过各种文献来接近历史上的他们，希望日后能有机缘去采访这些英皇道的老居民或其后代，以便深入了解50年代上海移民的生活情况。

20世纪50年代的北角英皇道

# 英皇道个人电话用户名录（1955年）

| 门牌 | 姓名 | 门牌 | 姓名 |
|------|------|------|------|
| 15 | 梁金龄医生 | 8 | 蔡介云 |
| 25 | 新生源公司经理 | 10 | 林武士 |
| 27 | 何竹平　麦悦英 | 12 | 王炳鋆 |
| 31 | 杨宅　蔡仰高 | 14 | 杨达人 |
| 33 | 陈醒樵 | 16 | 吴寓 |
| 35 | 张定捷 | 18 | 黄溢洪 |
| 39 | 郭兆成医生 | 54 | 杨乃锁 |
| 41 | 陈永良　陈棣生 | 60 | 冯曼云　蒋霞云（60号C） |
| 43 | 陈世昌　陈耀森<br>黄长衫　王恩洪 | 260 | 李澄源　黄宅<br>黎佐治 |
| 45 | 何咏庄堂　罗明湛 | 262 | 马宅 |
| 51 | 陆衍　龙宅 | 264 | 冯秀贞 |
| 53 | 何渭泉 | 266 | 孙玛琍　黄宅 |
| 55 | 林祥 | 270 | 黄兆聪 |
| 69 | 胡边月　钟少初 | 272 | 许锦涛　赵汉秦 |
| 73 | 张胜 | 274 | 杨宝池 |
| 77 | 黄宅 | 306 | 陈伯宏 |
| 83 | 钟宅 | 308 | 吴宅　孙邦藩医生<br>黄慕栋 |
| 89 | 陈玉成 | 318 | 李宅 |
| 155 | 黄之栋 | 320 | 黄鸣钟 |

| 门牌 | 姓名 | 门牌 | 姓名 |
|---|---|---|---|
| 163 | 谭进 | 322 | 陶醉华 |
| 167 | 中国邮政储金汇业公司副司理 | 324 | 陈郁中医生<br>吴环<br>吴国全医生医务所 |
| 169 | 杨子韬医生　冯璞 | 326 | 应鹤山　沈楚宝<br>徐钜亨 |
| 171 | 郑裕彤 | 328 | 方有均医生 |
| 173 | 王慧娴 | 330 | 夏心言　陈锦 |
| 179 | 梁子华　黄楫兰 | 332 | 李启枝　李启昕<br>苏文炯 |
| 181 | 邓超 | 334 | 郑志锐　陈宅　管国英 |
| 183 | 郭兆涛 | 336 | 陈世金 |
| 189 | 罗文本 | 340 | 百乐门广告装饰公司经理住宅<br>陈珊玉　郭天志 |
| 193 | 叶荣佳 | 342 | 郑宅 |
| 195 | 李宁　罗国钧 | 346 | 郑国仪 |
| 201 | 陈甫耕（荣昌炳记香港有限公司经理）<br>吴苏璇 | 348 | 陈先梅牙医 |
| 301 | 月园公寓 | 366 | 金星洋行住宅 |
| 343 | 关若芝　甄得胜<br>黄培芬 | 368 | 冯剑灵　林亦爱　邵宅 |
| 345 | 曾耀宗牙医 | 372 | 郭琳德　陈沛椿 |
| 347 | 程宅 | 374 | 林礼　郑鼎科 |
| 351 | 陈少芳 | 376 | 王宅　廖志明医生<br>赵鲁宋 |

| 门牌 | 姓名 | 门牌 | 姓名 |
|---|---|---|---|
| 353 | 秦秀珍 | 380 | 王伯华　赵松柏 |
| 357 | 李微夫人 | 386 | 曾宅 |
| 365 | 李岱汶医生 | 390 | 关蕙农 |
| 367 | 郑志恩 | 402 | 郑子中 |
| 375 | 方业光 | 404 | 吴锦庆　王学农 |
| 367 | 郑志恩 | 406 | 元升泰经理住宅 |
| 385 | 郑学光 | 408 | 张兴广　陈文芳<br>高鸿第 |
| 393 | 郭锦泉 | 468 | 钟绍庭 |
| 425 | 苏财永 | 476 | 文星显 |
| 431 | 单宠生 | 478 | 詹华顺（478A）<br>周仲生（478C） |
| 449 | 鲍国 | 480 | 刘蔼如 |
| 457 | 何绍德堂 | 484 | 郑荣昌 |
| 467 | 陆孟为医生 | 486 | 曹杰华 |
| 469 | 叶保文医生 | 488 | 黄新兴 |
| 473 | 黄电安会计师 | 490 | 钱敬荪 |
| 485 | 袁宅 | 702 | 黄霭初 |
| 487 | 陆应泰 | 802A | 黄祖钺 |
| 495 | 邬雄厚 | 806 | 夏日华医生住宅 |
| 497 | 全赋运输公司经理住宅 | 814 | 夏理乔 |
| 949 | 陈汉尧 | 818 | 顾宅 |

　　这个名录是据1955年出版的《香港电话号码簿》整理而成的。英皇道最初是香港北角的筲箕湾道，20世纪30年代后北角部分的筲箕湾道才改名为英皇道。50年代这里成为"小上海"。1959年《香港经济年鉴》刊发的英皇道照片配图文字：有"小上海"之称的北角英皇道。

1955年出版的《香港电话号码簿》封面

# 继园台住户名录（20世纪50年代）

| 门牌 | 姓名 | 门牌 | 姓名 |
|---|---|---|---|
| 1 | 邱宅　唐允达<br>王玉书 | 2 | 方有均医生　张佳音<br>梁冰龄 |
| 3 | 阮宅 | 4 | 范家树　麦叔平<br>卢公馆　陈时俊 |
| 5 | 黄可松　杨炎茹 | 6 | 项克雄　胡丕基 |
| 7 | 商务印书馆香港印刷厂<br>厂长 | 8 | 吴中梁 |
| 9 | 简荣光 | 10 | 潘秉刚 |
| 11 | 华夏企业有限公司经理<br>（刘松志）<br>潘勋之　张汉凡 | 12 | 徐永炘　叶观楫（12号<br>A）<br>詹宅 |
| 15 | 胡宅　马凤歧 | 14 | 黄德坤 |
| 17 | 安天时洋行职员宿舍<br>张济安　萧承顺堂<br>姚保 | 16 | 汪景芳　李惠康<br>林伟民　王晋祺 |
|  |  | 18 | 马梁　屠馥生 |

# 北角道住户、商号名录（20世纪50年代）

| 门牌 | 姓名 | 门牌 | 姓名 |
|---|---|---|---|
| 1 | 大美华女鞋店 | 2 | 端正学校 |
| 3 | 小月园桃园餐厅 | 6 | 鸿翔　钟宅 |
| 7 | 时代成衣店 | 8 | 张珠　维新 |
| 11 | 天才照相馆 | 10 | 洪芸香 |
| 13 | 漳泉小学（20世纪60年代） | 12 | 叶宅 |
| 15 | 梁尚志 | 14 | 赵卓如<br>霖记船务公司（韩润霖） |
| 19 | 陈宅 | 16 | 苏浙夜校（20世纪60年代） |
| 27 | 张恭良医生医务所<br>华侨聋哑学校（陈卓祥，20世纪60年代） | 18 | 苏浙小学 |
| 33 | 梁友发　黄道 | | |
| 39 | 高祖澄 | | |

# 堡垒街住户、商号名录（20世纪50年代）

| 门牌 | 姓名 | 门牌 | 姓名 |
|---|---|---|---|
| 3 | 九龙海关 | 2 | 李骏　潘新安 |
| 7 | 朱鹤皋　吴国煊　周宅　苏宅 | 4 | 谢新济　谢光宇 |
| 9 | 朱理嘉医生　达明机器厂司理　庄志国 | 6 | 朱孝存　李湛民　朱昌孝 |
| 11 | 杜蓝鸾　张宅　赵庆生（11号A） | 8 | 郑中钧[1] |
| 13 | 延平酒店 | 10 | 张少华 |
| 21 | 王颂献　林克敏　徐志良 | 12 | 贝永宝夫人　赵正厚堂 |
| 23 | 汪家勋 | 14 | 百福 |
| 25 | 李惠利　王韵梅 | 16 | 赵士廉　苏凤林 |
| 27 | 阮维熙　周耀林　袁树珊 | 18 | 赵不弱　姚德刚 |
| 29 | 范基平　张宅　梁宅　曾宪生 | 20 | 郭兆芳 |

---

[1]8号住户郑中钧，广东增城人，在港创办北角街坊福利会，任理事长。郑中钧夫人郑黄月芳曾回忆道："50年代我和先生一道出来为社会服务，那是香港政府请我们出来的。政府知道谁有钱，有爱心，愿意做善事，就请谁出来。我先生首创香港北角街坊福利会，他同朋友们一道办学校，请医生为贫苦街坊看病，还从事水灾、火灾等等各类救济活动。"见《母爱很重要——访郑黄月芳女士》，载黎子流，黄伟宁主编《广州市荣誉市民传》第1卷，广东人民出版1994年版，第258页。北角街坊福利会是郑中钧创办的，但参与工作的不全是广东人，其副理事长是杜月笙的弟子李裁法，监事长是号称上海"电池大王"的丁熊照，这说明北角的上海人参与了这个福利会的工作。

| 门牌 | 姓名 | 门牌 | 姓名 |
|---|---|---|---|
| 31 | 杨宅 | 22 | 赵锦津　欧阳治泯　萧静园 |
| 33 | 沈宅　杨宅 | 24 | 西源行　唐文豫　黄宅 |
| 35 | 金唯三　韦宅 | 26 | 陈宅 |
| 37 | 黄荣宣　星都招待所（37—39号） | 28 | 唐宅 |
| 41 | 李仲贤医生　宝爱幼稚园（20世纪60年代） | 30 | 黄荣宣 |
| 43 | 高增瑞　麦淑娴 | 32 | 曾德明 |
| 45 | 黄家聪　王慕维　庄谦浩 | 34 | 金祖寿　李声洪 |
| 49 | 太平保险有限公司经理　信记有限公司　胡尹桂　许干方 | 38 | 沈永谊 |
| 51 | 尚文学校（李正心）[1]　谢青和 | 40 | 何延瑞　李锦昌　范国雄 |
| 53 | 雷宜昌 | 42 | 南成发经理 |
| 55 | 何宅（有两部电话）孙邦藩 | 44 | 陆宅 |
| 57 | 陈卓英　陈华达 | 46 | 太兴营造公司经理　卢文坤 |
| 59 | 德兴公司经理住宅　王宅 | 48 | 欧阳兆棠 |
| 61 | 王济万　钟标　华南毛绒厂货仓 | 50 | 区庆权　梁孟齐 |
|  |  | 52 | 黄绍源 |
|  |  | 60 | 陈树彬 |
|  |  | 64 | 陈子民 |

[1] 20世纪60年代李正心又在此创办爱丁堡英文书院。

# 建华街住户、商号名录（20世纪50年代）

| 门牌 | 姓名 | 门牌 | 姓名 |
|---|---|---|---|
| 1 | 罗保 | 2 | 薛作民 |
| 7 | 陈伟夫 | 4 | 戴天道 |
| 9 | 万兴 | 14 | 张廷桂 珍时行 |
| 11 | 顾宗瑞（11号A） | 16 | 蒋汉卿 胡威烈 |
| 15 | 潘惠予 | 22 | 义兴隆 |
| 19 | 梅景叔 源源塑胶厂 | 26 | 程宅 |
| 23 | 欧阳广贺 | | |
| 27 | 陈绍言 宣铁吾 | | |
| 35 | 徐梓才 | | |
| 39 | 陈承统 | | |
| 43 | 黄自强 | | |

# 清华街住户、学校名录（20世纪50年代）

| 门牌 | 姓名 | 门牌 | 姓名 |
|---|---|---|---|
| 1 | 苏宅 | 2 | 林臣洋行　林冠忠　郭兴林 |
| 7 | 李礼臣　马烈<br>奇珍茶行（7号地下，经理李慎之） | 4 | 邝永灿 |
| 11 | 吴汉平（11号A）<br>姚静勇（11号A） | 6 | 莫贵质 |
| 19 | 圣犹达学校 | 8 | 树人幼稚园（20世纪60年代） |
| | | 10 | 黎兆芳 |
| | | 12 | 孙增荣 |
| | | 14 | 吴文耀 |
| | | 20 | 黄耀荣 |
| | | 22 | 陈烽　叶志光 |
| | | 24 | 汪佩贞 |
| | | 30 | 苏浙公学 |

# 明园西街住户名录（20世纪50年代）

| 门牌 | 姓名 | 门牌 | 姓名 |
|---|---|---|---|
| 3 | 杨宅 | 2 | 梁国汉<br>陈兆汉（20世纪60年代，西医） |
| 7 | 谢宅 | 6 | 余耀堂　许曼玲 |
| 15 | 王宅 | 16 | 刘告 |
| 25 | 卢钜 | 20 | 北极公司服务部主任 |
| 31 | 周宅 | 24 | 林次德　霍冠英 |
| 39 | 吕陶英　谭一华 | 26 | 陈卓英 |
| 41 | 刘锡祥 | 36 | 东南兴业公司 |

下编

沪港双城记

# 月　园

## ——海派进驻北角的明显标志

关于北角月园的历史，《香港地名词典》有简单介绍：

月圆街位于港岛北角，是英皇道和渣华道之间的一条南北向横街，是一条隐蔽在大厦之内的街道，月圆街的英文路名是照中文名音译，可知街道是由发展商先用中文命名之后才译成英文的。1949年，北角道西侧一带还是空地，当时有位商人从上海来香港投资，向政府购得这块地皮。他是在上海经营娱乐事业的，认为这块地皮是建综合性游乐场

1949年的月园游乐场（载小思《思香·世代》）

的理想之地。他将游乐场取名"月圆"。由于月圆游乐场交通方便，乘电车、巴士可以直达，每天游客很多。[1]

对于月园，香港作家小思在《且说说月园》中称月园是"海派进驻北角的明显标志"，又回忆道：

月园，位于北角英皇道与北角道交界处，是个

---

[1]樊桂英等编：《香港地名词典》，中国社会科学出版社1999年版，第254页。

大型游乐场，正门刚对正转入北角道处，即现在的丽宫大厦、皇冠大厦所在，从北角道左拐进渣华道，还有一条短短的月园街。

上世纪四十年代末，北角荒僻人稀，谁料一九四九年来了大批富有上海人，选中了这块荒地，大兴土木，建成了英皇道、堡垒街、春秧街等等街道和建筑物，同时带来一切海派生活习惯，"小上海"一词应运而生。张爱玲一九五四年拍照的"兰心"就在月园的斜对面。

香港市民未见过那么大的摩天轮、快速的过山车，更未玩过许多新奇玩意。去月园，成为时髦行为。

……

香港市民未见过那么大的摩天轮，那么快速的过山车，还有千奇百怪的玩意，大家起哄，成了城中话题。

母亲一向对新鲜事物不放过，月园开幕不久，就带着我去开眼界。

进得场来，只觉样样东西都在急剧转动，惯于静态生活的我眼花头晕，从那一天开始，已经确定我以后不会玩各种机动游戏了。反正游戏券很贵，母亲只肯带我去看两个表演。第一个是密封大铁桶内壁飞车，大铁桶有两层楼高，观众站在桶外的观看台上，外国表演员驾着电单车，沿桶壁悬空上下左右翻滚速驶，吓得我们哗哗大叫。第二个教我最难忘的，是跳蚤表演。只容几个观众围在高桌边观看，"驯虱师"——不知道怎样称呼，我自创此词，从小盒中取出黑色虱子，跟常见猫虱一般小。驯虱师为它们穿上纸衣裳，要它们打球、拉车、跳舞，十分听话。母亲说驯虱师让虱子吸血，养活它们，所以听话。飞车表演，现在还可在纪录片中看到，可是跳蚤表演，却从未见过。我总认为虱子表演，实在太神奇了。此外，我还在月园第一次照各式哈哈镜。人在镜内，如此扭曲变形，对无知小孩来说，真印象深刻。[1]

小思的《且说说月园》写于2007年，50多年前的游

---

[1] 小思：《且说说月园》，《思香·世代》，牛津大学出版社（中国）有限公司2014年版，第113—115页。

园经历她竟记得这么清晰，说明月园游乐场确实是令人难忘的时髦去处。梁寒操《香港竹枝词选》也写到月园游乐场："孩童谁不赏新奇，少壮依然爱玩嬉。北角月园供百戏，荷囊空了尚依依。"注云："月园，指月园游乐场，五十年代后期关闭，遗址即今北角月园街。"[1]关于月园游乐场关闭的情况，樊桂英等编《香港地名词典》也做了说明："一年后，这位商人发现，该地皮如发展为商业楼宇和住宅楼宇，获利比经营游乐场还大，资金回流又快，故关闭了月圆游乐场而转向发展地产。月圆游乐场占地很大，除了在英皇道、北角道建成大厦之外，中间还有一大块地可供建屋，但建屋不能不建通道，因此便将中间地段建成一条内街，由于这是从前的月圆游乐场，故名月圆街。初期月圆街是条私家街。"[2]

月园游乐场后改为月园公寓，位于英皇道301号。张爱玲拍照的兰心照相馆在英皇道338号，因此小思说它"在月园的斜对面"。

---

[1]程中山选注:《香港竹枝词选》,广东人民出版社2013年版,第123页。

[2]樊桂英等编:《香港地名词典》,中国社会科学出版社1999年版,第254—255页。

至于月园是谁创办的，樊桂英等编《香港地名词典》只说是位上海商人，没有进一步的说明。2007年上海辞书出版社《上海大辞典》"孙履平"词条则写明是孙履平开办了月园游乐场。

孙履平（1907—？），江苏阜宁人，早年毕业于上海震旦大学，兴中学会总干事。抗战前任上海淞沪警备司令部秘书、总务处处长。1946年任重庆卫戍司令总部中将顾问，同时受聘于外交部驻沪办事处。1949年后至香港，开办月园游乐场和月宫夜总会。[1]

---

［1］王荣华主编：《上海大辞典》下册，上海辞书出版社2007年版，第1696页。

# 他把海派作风带入了香港酒楼业

20世纪50年代，北角英皇道上的云华酒楼、都城酒楼和新都城酒楼是这一地区的娱乐热地，是此地"小上海"风情的重要标志。它们的兴盛与来自上海的黄瑞麟关系其深。

黄瑞麟（1912—1985），广东中山人，在上海长大。16岁进一家酒楼当见习生。1942年，与友人买下上海云南路354—366号三益电器制造厂厂房，创办了南国酒家，担任经理，经营新派粤菜和茶点。1949年，携眷迁居香港，开设"云华""香槟""都城""新雅"等酒楼。1970年同王宽诚合作，开办新都城酒楼，任总经理。被誉为"酒楼闻人""酒楼业的革新大师"。1971年举家迁居澳大利亚，继续从事酒楼业，先后开办太源、新太源、太源皇三家酒楼。曾任澳大利亚华人福利联会主席。1979年英国女王向他颁赠MBE（大英帝国勋章员佐勋章）勋衔。1985年在其寓所遭歹徒刺杀身亡。

香港作家沈西城《北角风光好》称"都城"酒楼夜总会是"酒楼大王黄瑞麟开设的，他原本是父亲的老伙计，主理英皇道上的'云华'酒楼，找到了老板另行发展，父亲非但没拦他，还不时带同朋友去捧场"。

沈西城的父亲严云龙是上海浦东人，1937年后在香港创办上海益新营造厂。1950年设立益兴企业公司，附设于北角云华酒店，并任云华酒家董事长。严云龙与黄瑞麟是老朋友，当时他们都住在英皇道939号丽池花园。按沈西城的说法，黄瑞麟先是帮严云龙打理云华酒家，后独自创办都城酒楼。

沈西城《北角风光好》又写道："我年方十岁，跟着父亲吃饭听歌，女歌星中最出色的是两位姓方的小姐，方静音与方逸华。方静音擅唱时代曲，《卖汤丸》最火，可惜遇车祸，香消玉殒。方逸华，也就是今日邵爵士的太太，喜唱外国歌，嗓沉带磁，顾曲周郎最多。"

香槟酒楼实际封

云华酒店广告

新都城夜总会广告

方静音本名王霞敏，浙江杭州人，20世纪40年代末随家移居香港。初期在夜总会伴舞，其间学习歌唱，后在黄瑞麟的香槟酒楼、新雅酒楼登台，一跃成为红歌星。从沈西城的记载看，她那时也常在都城酒楼唱歌。

方逸华，广东省南海人，生于上海。母亲方文霞是30年代上海的"舞国红星"。40年代末，随母亲移居香港，后赴印尼、新加坡演唱，走上歌唱道路。返港后常演唱于丽池、都城、大华等著名夜总会，被誉为东方的"比蒂比芝"。

当日都城酒楼的顾曲周郎应该有不少是像沈西城这样的上海移民，他们听着上海移民歌手的时代曲，难免是要想念上海，害思乡病的。然而幸好北角有这样的地方，他们还可在这里感受上海风情，想念上海。季旸在《酒楼巨子黄瑞麟雪梨遇刺》中称黄瑞麟"把海派作风带入了香港酒楼业"[1]。我想他的酒楼之所以会有"海派作风"，一个重要的原因就是当时北角有很多来自上海的顾曲周郎，他们需要这样的"作风"，沉醉在这"作风"里就能恍然回到上海。

---

[1] 季旸：《酒楼巨子黄瑞麟雪梨遇刺》，《华人月刊》1985年第2期。

季晗在这篇文章中还写到了黄瑞麟的酒楼革新："他首先在酒楼设立人事部，以统筹员工，并且力主酒楼的环境要按东方风格修饰、装潢，但服务和侍应方式要西方化；此外，黄氏又首创点心须由女侍应推车送售，规定女侍应化装，穿长丝袜，每个侍应必须备有打火机及开瓶器等。"[1]

1970年黄瑞麟在新都城酒楼夜总会就实践了他的上述革新。当时歌星张露的丈夫杜奥利被称为"喳喳鼓王"，他就曾领衔十人大乐队在这家夜总会演出，每晚两场，第一场十点一刻，第二场凌晨一点一刻。

---

[1]季晗：《酒楼巨子黄瑞麟雪梨遇刺》，《华人月刊》1985年第2期。

# 新都城的两次夜宴

1961年时任商务印书馆经理部负责人的史久芸去香港处理商务印书馆海外业务。这一年4月14日，史久芸参加了一次北角新都城酒楼的夜宴。他在当日的日记中有这样的记载：

> 下午，七时同子翁往新都城，程慕灏邀夜饭，归已十一时半。同席有王宽诚、吴性栽、王振宇、吴叔同、许某（新亚）、子宏、沾卿、丁熊照及主人贺仰先、邢某等。[1]

---

[1] 史久芸：《史久芸日记》，商务印书馆2018年版，第907页。

新都城即新都城酒楼，位于英皇道430号明园大厦，业主是香港大元置业有限公司经理王宽诚。参加夜宴的这些人多是江浙籍移民，多是1949年前后从上海移居香港的，他们的基本情况是：

程慕灏，浙江桐乡人，香港交通银行经理，上海作家程乃珊祖父；

王宽诚，浙江宁波人，香港大元置业有限公司经理；

吴性栽，浙江绍兴人，上海电影实业家。1950年在港成立龙马影业公司；

王振宇，云南腾冲人，民盟香港盟员，香港茂恒有限公司总经理；

吴叔同，祖籍江苏武进，生于湖南长沙，香港中华书局董事长；

丁熊照，江苏无锡人，香港开达实业有限公司经理；

贺仰先，江苏金坛人，香港交通银行副经理；

张子宏，江苏松江（今属上海）人，时任香港商务印书馆厂长；

沾卿，即张沾卿，时任香港商务印书馆副厂长。

从日记内容可知，这次夜宴是香港交通银行副经理贺仰先做东宴请史久芸，同席多是香港银行工商界名人。夜宴的主要话题是什么已不可考，但参加者多是江浙籍移民，席间自然也会叙叙乡情吧。

当时史久芸住在北角继园台，商务印书馆香港印刷所在英皇道395号，这两个地方离新都城酒楼都很近，香港印刷所就在新都城酒楼斜对面。贺仰先选择在新都城酒楼宴请史久芸和在港江浙籍工商界名流，首先是新都城酒楼离史久芸居住的继园台较近，方便赴宴；其次，新都城酒楼菜肴本就适合江浙人口味，早已是江浙籍移民经常光顾的地方，贺仰先无疑希望在号称"小上海"的北角新都城酒楼让浙江余姚人史久芸有宾至如归之感，同时也希望当日参加夜宴的江浙籍工商友人再次品尝家乡口味的菜肴，共叙乡谊。

当时北角还是"小上海"。

1980年10月25日，曾敏之在新都城酒楼请访问香港的作家陈残云吃茶。陈残云在《香港纪行》中写道：

　　十一时回到寓所，曾敏之夫妇来接我们去新都城饭店饮午茶。

这饭店规模宏大，金碧辉煌，地上铺着紫红地毯，显得华贵。我们走上三楼，厅堂宽广，还有个小舞台，可作演剧和开会之用。曾说，这饭店的主人是王宽诚，新华社常在此宴请客人。现在是茶座，服装整洁的男女服务员，推着金属小车子在叫卖点心……[1]

陈残云文中的新都城饭店就是新都城酒楼，借助他的描述，不难想象出四十多年前史久芸在此参加夜宴的酒楼环境。

1982年秋天的一个夜晚，王宽诚邀请一班当年从上海来港的老朋友在新都城酒楼餐叙。香港回归是当时热议的话题，社会上传言王宽诚已卖掉新都城酒楼，准备"走路"了。为反击谣言，王宽诚接受《镜报》记者采访，说明实情：

问：还有说，你将新都城酒楼卖掉，也是准备

---

[1] 陈残云文集编委会编：《陈残云文集》第8卷，百花文艺出版社1994年版，第235页。

"走路"。

　　答：有人不知道真实情况，乱讲。新都城酒楼，我是业主，租给新都城酒楼，酒楼的经营者，是以福建人赵桂德先生为董事长的公司。不久前赵桂德的公司放弃经营，由我介绍转让给敦煌酒楼集团经营，现在由简焕章、邓煜等人负责。也就是我把给新都城酒楼的条件让给敦煌酒楼，业主还是我，怎么会是卖掉要走路呢! [1]

当时北角早被称为"小福建"了。王宽诚和当年从上海来港的老朋友在"小福建"的新都城酒楼开夜宴，难免会怀念"小上海"时期的北角吧。

---

[1] 宁波市政协文史委编：《王宽诚研究》，中国文史出版社2007年版，第203页。

# 陈蝶衣与沪港燕云楼

北角英皇道310号有一家张大千题名的京菜馆燕云楼，20世纪50年代流寓北角的内地名流常在此宴集。直到80年代这里依旧不乏名人身影。潘耀明（艾火）《汪曾祺与酒与文》称，1987年汪曾祺由香港赴美，曾与施叔青、古华等"买醉于北角燕云楼，他老人家喝足大半瓶大号茅台，仍意犹未尽"[1]。为什么这些名流都喜欢在燕云楼聚饮呢？这就要说到40年代上海的燕云楼。

---

[1] 艾火：《焦点文人》，香港明窗出版社1988年版，第90页。

上海的燕云楼在南京路云南路路口，前身是一家粤菜馆，创始于1928年，原名"味雅"，由王定源创办，最初在上海的四马路（现福州路431号），1941年迁到大马路（即南京路）755号。此后王定源邀请徐大统等合伙经营，改名"南华酒家"，在1941年10月10日开张营业，由徐大统任董事长，王定源任总经理。1948年6月9日，南华酒家更名为"南华燕云楼"重新开业。徐大统，宁波人，上海著名企业家，有"造纸大王"之称，1948年携全家迁居香港。他的女儿范徐丽泰，曾任香港立法会主席。

南华酒家更名为"南华燕云楼"，出自沪上著名文人陈蝶衣的建议。陈蝶衣在《燕云楼》中写道：

> "南华"向售粤菜，近年来粤菜已不为饕餮家所喜，"南华"为了顺应潮流，于是也有改弦易辙，以北平菜馔客的计划，主持人王定源兄就商于下走，意欲另外拟一个楼名，作为"南华"的别署，主要的一点是要人家一望而知是京朝派馆子。我说："有成语曰'北望燕云'，命名'燕云楼'如何？"定源兄颔首称善，回去向董事会提出，一致

南华燕云楼广告

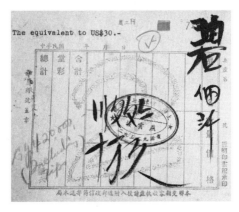

上海燕云楼碧萝厅账单

鼓掌通过，"南华"燕云楼之名于焉乃定。[1]

王定源之所以向陈蝶衣讨教，不光是因为陈蝶衣是才子，另一层原因是陈蝶衣曾投资南华酒家，任监理，并非外人。燕云楼因能"提炼北平菜精华"，又注意"迎合上海人口味"，很快走红沪上，成为名流青睐之地。

1948年7月11日，中国农工银行董事长冯耿光在燕云楼宴请梅兰芳等人。同年11月，《大钢报》社社长毛健吾和前北洋政府司法总长江庸在燕云楼宴请章士钊、潘伯鹰。事后章士钊作《奉和翊老同毛社长燕云楼招饮之作》，江庸作《行严赐和同毛社长燕云楼招饮之作走笔依原韵奉报》。很快这两首诗以"燕云楼唱和诗"为题发表于11月29日上海《铁报》。毛健吾在这次宴会后不久移居香港，在那里加入"民革"。

1949年上海解放后燕云楼继续营业。

由此可知，20世纪40年代燕云楼已是沪上名菜馆。50年代，北角燕云楼也经营京菜，也是用燕云楼这块上海人熟悉老招牌，显然是用延续当日沪上的口味和记忆来满

---

[1] 陈蝶衣：《燕云楼》，《铁报》1948年6月3日。

足流寓香港，特别是居住在北角的上海人的饮宴需求。至于这两家菜馆是否有传承关系，目前还未看到相关资料。

1952年陈蝶衣由上海前往香港。蔡登山《沪上才子·歌词大佬的陈蝶衣》称，陈蝶衣当时先到澳门，后以"屈蛇"身份由澳门偷渡到香港，在西环上岸，赶到北角健康新村投奔续弦太太梁佩琼。离开上海时，陈蝶衣在火车上写出了南行的第一首诗《北站早发》："悄离沪渎觅蓬瀛，行李无多一箧轻。尘鞅脱身家再弃，车厢寄迹客孤征。已挥别泪仍回首，未卜前途亦计程。此去关山应万里，卧听汽笛累飞声。"当时心情可见一斑。到港后的情况，陈蝶衣有记载："抵港第七日，岛上故旧沈秋雁、沈苇窗、卢大方、陆小洛、潘柳黛、盟弟顾志刚、冯蘅、席曙天、义妹韩菁清，在峨嵋酒家宴请他们夫妇，为他洗尘。"此后，陈蝶衣又往漆咸道会见张善琨、童月娟夫妇。当时张善琨在上海主持的新华影业公司已在港恢复组织，正要拍摄《小凤仙》，希望他来做编剧。后环球图书杂志出版社主人罗斌请陈蝶衣再度主持《西点》，该刊战后在上海创刊，本是陈一手擘画，罗斌来港，《西点》也迁至香港出版。离开上海的陈蝶衣他乡遇故知，在香港投入了上海老熟人的圈子，心情和生计都有了着落，于是继续做编辑写剧本，开始了他的香港生活。[1]

　　沈苇窗1950年5月到香港，后创办《大成》杂志，在海外华人圈影响很大。1951年10月1日，马连良由香港北返。沈苇窗《一本未完成的年谱》称，1950年某日，沈苇窗宴请张大千、马连良，请韩菁清作陪。后韩菁清在北角燕云楼回请张大千、马连良、芳艳芬、沈苇窗诸人。后张大千在亚皆老街寓所答宴，发明了专为马连良做的鸡肉狮子头。

　　陈蝶衣当时所住的北角健康新村距燕云楼并不远，作为昔日燕云楼的老监理和燕云楼的取名者，他应该也是燕云楼的常客。陈蝶衣后来从编剧和编辑逐渐变成流行歌曲填词者，终成香港"歌词大佬"。陈蝶衣给歌星张露写过很多歌曲，最著名的是《给我一个吻》。上海沦陷时期，张露就在南华酒家碧萝厅客串演唱，南下香港后她又在燕云楼长驻主唱（见燕云楼广告）。想来陈蝶衣给她写的歌也一定会在燕云楼唱起。若有人藏有50年代燕云楼的歌单，那唱响在燕云楼的歌曲有哪些是沪

---

　　[1]蔡登山：《洋场才子与小报文人》，金城出版社2012年版，第185—186页。

**香港燕云楼广告**

上名曲，哪些是新的时代曲，就很清楚了。

　　家住北角继园街的著名收藏家黄宝熙，也是上海移民。当时寓居北角的名伶章遏云在黄家唱义务戏，来宾济济一堂，夜夜笙歌，每晚都去燕云楼吃夜宵，酣舞畅饮，"总要吃掉好几瓶的长颈FOV白兰地"。从上面的广告可知，燕云楼夜宵就是"燕云夜座"，从晚上12点至凌晨2点。黄家客人"夜夜笙歌"之日，正是张露辛苦驻唱之时。张露被香港音乐史家称为南下歌星，认为她事业的巅峰是在香港。1950年初她首次到港，在丽池夜总会唱歌，后返沪省亲。1952年她赴港定居，以百变、奔放的形象奠定乐坛地位。1957年嫁给西班牙裔的香港乐师杜奥利，生下杜德伟兄弟后退出歌坛。各类文章多称她声冠香江，有"中国歌后"的美誉，殊不知她在上海时已是"远东歌后"。

# 要吃上海时鲜，请到四五六菜馆

20世纪50年代北角英皇道的老照片上有一家四五六菜馆，照片中有轨电车右边有它的招牌，"四五六"是用骰子"四五六"表示的，50年代老广告上也是以骰子"四五六"为标识。有些老上海都说上海并没有四五六菜馆，但20年代上海南京路有一家四五六食品公司，它的点心在沪上各店中曾是最物美价廉的，因此"四五六"这个牌子，老上海应该不陌生。虽然现在还不清楚"四五六"如何成为名菜馆，但至少30年代南京夫子庙的两家四五六菜馆当时已很有名气了。这两家四五六菜馆经营的是以绍兴、宁波风味为主的浙绍菜。因上海人喜欢浙绍菜，四五六菜馆不再打"浙绍"的牌子，而改称上海菜。

50年代，香港有两家四五六菜馆[1]，一家在佐敦庇利金街3号，一家在英皇道340号。香港这两家四五六菜馆由何人创办，是不是连锁店，现在还不清楚，但从当时的广告看，至少英皇道的四五六菜馆是主打上海菜的。

当时香港《上海日报》刊有四五六菜馆新到大闸蟹的广告。大闸蟹就是广告上说的"上海时鲜"。以前南

英皇道的四五六菜馆（图右）

[1]四五六，在五十年代的香港应已成为海派文化的一个标志。除了菜馆有名为四五六者，轩鲤诗道276号还有一家四五六百货公司。

英皇道四五六菜馆广告

南京四五六菜馆广告

京四五六菜馆也做过消夏时鲜广告，其中的冷罗汉菜上海人很喜欢，据说顾维钧晚年常念叨罗汉菜。罗汉菜不是佛门素菜罗汉菜，而是上海嘉定的特色野菜，香港恐怕很难吃到这种时鲜野菜。但四五六菜馆的广告既然敢写"要吃上海时鲜，请到四五六菜馆"，那他们一定是有办法的。

美国《星岛日报》总编程怀澄在《穿越三个世界》中写到了英皇道四五六菜馆：

英皇道在北角的一段是上海人集居的地方，临

街的商店大多是上海人经营，我们的楼下是四五六
上海餐馆，对面的一家也是上海菜，名三六九，还
有上海人开的美容院，上海人开的零售商店，有一
家零售商店是杭州人开的，两个女儿看着商店招呼
顾客。[1]

当时四五六菜馆西边是上海士多和大光明理发公司，
东边是润德书局。从程怀澄的记载看，上海士多和大光
明理发公司应该是上海人开的。孙树棻《上海滩风情》
称，佐敦有一家"三六九上海饭店"，湾仔也有同样招
牌的一家店。[2]这两家店和四五六菜馆对面的三六九菜馆
或许是同一个连锁店。

周三金《上海老菜馆》称1949年上海荣华酒家老
板范贵祥离沪去港，在当地开设三六九菜馆，1950年
朝鲜战争爆发后范贵祥重回上海，同年11月荣华酒家
重新开业，易名"荣华楼菜馆"。开业后，范贵祥又回

[1]程怀澄：《穿越三个世界》，文汇出版社2017年版，第105页。
[2]孙树棻：《上海滩风情》，学林出版社2009年版，第123页。

港主持三六九菜馆，"荣华楼"便委托别人经营。[1]范贵祥开设的三六九菜馆，很可能就是程怀澄写到的英皇道三六九菜馆。1955的香港电话号码簿上没有三六九菜馆的记录，说明这家菜馆没有登记，或已停业，孙树棻《上海滩风情》提到的那两家"三六九上海饭店"，或许是1955年后出现的。

司明在《南来欣遇四人》中提到英皇道四五六菜馆隔壁楼梯口有个上海人做的擦鞋档。他在《从擦鞋档谈起》中写道："北角英皇道上某某两号楼下边有个擦鞋档。那边的房子共九层，人多，又有舞场，因此这擦鞋档的营业不坏。档主是上海人，放一只藤椅让你坐得舒适，椅边放着一份似乎不作左右袒、少有政治性而副刊相当黄色的报纸，供你阅读。"[2]四五六菜馆隔壁是润德书局，门牌是342号，因此可推知"某某两号"就是342号。那么《从擦鞋档谈起》所记就是当日四五六菜馆边的擦鞋档的情况。四五六菜馆主打上海时鲜，旁边的擦

---

[1] 周三金：《上海老菜馆》，上海辞书出版社2008年版，第101页。

[2] 熊志琴编：《异乡猛步——司明专栏选》，香港天地图书有限公司2011年版，第221页。

鞋档、商店、理发店又是上海人经营的，生意应该不错。

当时四五六菜馆已成为北角上海人思乡的打卡地，而且还走进了文学作品。刘以鬯小说《酒徒》中有这样一段描写：

> 下午六点四十分：沿着英皇道向北角走去。十年前的北角像一个未施脂粉的乡下姑娘；今天的北角是浓妆艳服的贵妇人。
>
> 晚上七点一刻：在"四五六菜馆"饮花雕。伙计特别推荐新的蛏子。我要了一碟。离开上海到现在，已经十四年了。整整十四年没有尝过蛏子。想起似烟的往事，完全辨不出蛏子的鲜味。[1]

《酒徒》是有自传色彩的小说，在四五六菜馆饮花雕的上海"酒徒"应该就有刘以鬯的影子。刘以鬯曾住在堡垒街，四五六菜馆就在前面的英皇道，他定是那里的常客。

---

[1] 刘以鬯：《酒徒》，解放军文艺出版社2000年版，第169页。

# 上海俄式西餐的最后堡垒

## ——皇后饭店

北角的皇后饭店位于英皇道374号，20世纪50年代它的右边是上海首饰公司，马路对面是海角公寓和造寸时装公司。上编《王宽诚与北角的"上海化"》一文所配明园大厦照片中，右边第二个招牌处就是皇后饭店。

皇后饭店由于永富于1952年创办。于永富移居香港前是上海亚尔跳舞厅的西点师，为人忠厚，聪明机警，制作的西饼糖果等冠绝沪上。皇后饭店主营俄罗斯大菜，供不应求，于永富遂被称为"罗宋大菜"权威。

1953年香港《小说月报》第二期刊有皇后饭店的广告：

于永富

皇后饭店广告

由此可见，该店不仅以出售俄国大菜著名，还有音乐夜宵，有一流红星和乐队献艺，想来当日食客应不乏上海移民吧。

60 年代该店搬到了利园山道 39 号，开到 1994 年才停业。1990年王家卫拍摄《阿飞正传》时曾在皇后饭店取景。

《阿飞正传》上映后，皇后饭店也跟着出了名。受此鼓舞，于永富之子又在铜锣湾希慎道开业，在湾仔、九龙塘也有分店。皇后饭店被欧阳应霁《香港味道2——街头巷尾民间滋味》称为"上海俄式西餐口味南下香港的最后堡垒"[1]。

张国荣生前很爱吃这家店的红烩牛仔肉饭，还与该店老板合伙开过一家"为你钟情"咖啡店。

林忆莲也很喜欢皇后饭店的菜，她在《忆莲带路：尝上海民间滋味》中写道："那时候在铜锣湾有家皇后饭店，做的薯仔沙拉和罗宋汤非常好吃，我们都爱不释'口'，包括妈妈在内。"[2]林忆莲也许不知道皇后饭店的老店就曾在她家附近，50年代从明园西街走到英皇道左转不远就是皇后饭店。

---

[1] 欧阳应霁：《香港味道2——街头巷尾民间滋味》，生活·读书·新知三联书店2018年版，第59页。

[2] 林忆莲：《忆莲带路——尝上海民间滋味》，青岛出版社2007年版，第39页。

# 如影随形的老正兴与五芳斋

20世纪50年代北角英皇道的核心地段，361号是五芳斋，414号是老正兴，它们和这条干道上的上海时装店、理发店、洗染公司等装点着这个香港的"小上海"，让生活在这里的上海人还能继续消费着上海的老字号。

现在提到五芳斋，人们大都会想到嘉兴的五芳斋肉粽。可在民国时期的上海，南京东路山西路路口的五芳斋历史最久、名气最响，它的姑苏糕团是老上海日常生活中难舍的美食[1]。英皇道的五芳斋是不是这家老店的分

---

[1] 五芳斋也做面条，两面黄、冬菇面、三鲜面都很有名。

南京东路上的五芳斋和老正兴（《上海市行号路图录》上册，福利营业股份
有限公司1947年版）

店，还不清楚，但它和老正兴同在英皇道上，就是向食客说明这里有上海味道，这里是通向老上海的时空隧道，那它的符号价值就大于商业价值，因此是不是分店就不那么重要了。而说到英皇道上的老正兴，恐怕更难确认它来自上海哪家老店，因为40年代的上海有一百多家老正兴，谁都有可能在英皇道再开一家分店，因此就更不必细究出身了。

至于老正兴和五芳斋同在英皇道，这不是巧合，而是历史记忆的重构，因为在上海时它们就都在南京东路上。

从前文这张《上海市行号路图录》可看到，五芳斋和老正兴同在南京东路商圈，只是五芳斋在南京东路391号，其他几家老正兴在南京东路山东路路口和九江路上。《上海市行号路图录》中有五星标记的是三家老正兴。离五芳斋最近的是九江路350号内佛陀街9号的老正兴，这家老正兴是上海最老的老正兴，号称同治老正兴。九江路273号靠近河南路路口的源记老正兴，是仅次于同治老正兴的第二老店。1956年前后这两家老店都歇业了。山东路路口的老正兴创办于1908年，是上海老正兴中第三老，后在南京西路开设了分号雪园老正兴，本店则称"东号老正

英皇道414号康乐老正兴广告

白加士街老正兴广告

白加士街五芳斋店主老信封

兴"，声誉超过了前两家，成为老正兴的代表，后迁移至福州路营业至今。

在北角成为"小上海"的过程中，老正兴和五芳斋同又出现在英皇道上，这自然会让上海移民想起南京路上的这两家老店。历史场景无法完全复制，但历史记忆却可因历史符号的重现而被唤醒，同时这种记忆又经重构而延续，与当下的生活发生关系。

巧的是，在九龙白加士街也有老正兴和五芳斋，五芳斋是27号，老正兴是56号，也是近邻。这似乎是说老正兴和五芳斋是上海味道的标配，有老正兴，就必有五芳斋。当时九龙上海街、吴淞街、白加士街一带也是上海人聚居的区域，白加士街看来还是个小核心。

近些年写香港的文章常提到铜锣湾启超道的老正兴，其实白加士街的老正兴也是有故事的地方。50年代初流寓香港的上海报人卢溢芳曾在《香港纪事诗》中写到白加士街的老正兴：

《吃蚕豆》：配来樱筍最相宜，翠实初看发嫩枝；不是江南红豆子，登盘也足慰相思。

其后小注云："暮春三月，江南蚕豆已登场，与春笋尖同煮，足推时鲜中一绝。此间沪帮菜馆，亦有发售，日前与宋词人在名园老正兴同饭，席上有生煸蚕豆一碟，忆故乡风味，辄觉此物亦正如离离红豆之足慰羁客相思也。"[1]

名园老正兴就是白加士街的老正兴，宋词人是别号"玉狸词人"的宋训伦，原在上海中央信托局工作，50年代初到香港，在董浩云的航运公司编《航运》杂志。名园老正兴的蚕豆已让卢溢芳觉得足慰羁客相思，相比之下，英皇道的康乐老正兴"专员采办真正阳澄湖清水大闸蟹"[2]，不知要勾起多少上海移民舌尖上的回忆。

---

[1] 胡从经：《卢溢芳以诗纪事》，《胡从经书话》，北京出版社1998年版，第110页。

[2] 张起均《烹调原理》(中国商业出版社1985年版，第183页)记载，"近代吃蟹最出名的，莫过于住在香港的无锡丁熊照先生，丁氏平居最喜欢吃蟹，一等秋天上海的名蟹运到香港，上好的蟹都送到他家。他不仅自己大吃特吃，并且分批邀宴亲朋，共同吃蟹为乐。以前几年的物价而言，他每到蟹季，最少要吃港币三四万元的蟹，谓之吃蟹大王，真是当之无愧了"。

# 上海"造寸"与香港"造寸"

20世纪50年代北角有家造寸时装公司，位于英皇道377号，它的对面是上海首饰公司，斜对面是上海鸿翔公司，张爱玲居住的基督教女青年会第二宿舍位于英皇道429号，在它东边，距离很近。

香港造寸时装公司广告

　　说到香港造寸时装公司，就绕不过上海造寸时装公司，因为"造寸"这个品牌是上海造寸时装公司打造的，上海"造寸"早于香港"造寸"，只有了解了上海"造寸"，才会明白为什么后来会有香港"造寸"。

　　上海造寸时装公司是由上海浦东人张造寸于1937年创办的，店址在上海静安寺路（今南京西路）300号（见下图标五星处），它的东边是培罗蒙西服店（静安寺路284—286号），再往东就是著名的国际大饭店。

静安寺路上的造寸时装公司（《上海市行号路图录》上册，福利营业股份有限公司1947年版）

关于张造寸创办和经营上海"造寸"的情况，1947年《礼拜六》第72期刊登的署名"芳草"的《张造寸》这样写道：

　　造寸公司，与鸿翔公司同是高等的时装公司，造寸公司在时装业中，可以说是价钱最贵的一家，造寸公司是张造寸先生一手创办的，张先生以前曾服务于鸿翔公司，在抗战军兴的那一年脱离了鸿翔而自创基业，他对于妇女的服装，有很深的造诣，他不但会设计打样，而且自己能动手剪裁。

　　……

　　对于一般老主顾上门来，他总是和颜悦色的亲自招待，笔者曾在造寸公司看见三位漂亮小姐，对他采取了一个包围式，大家用娇滴滴的吴侬软语向他询问："奴穿啥个颜色噱？""奴格大衣要做多化长呀？"他则不厌求详的一一答复，愉悦的面色，柔和的声调，那样子像是跟久别重逢的老朋友谈天。

这说明张造寸的手艺是从鸿翔公司学来的。《张造寸》还写道：

> 张先生有着短短的身材，黑黑的皮肤，眼睛略微近视，他在年轻时酷爱运动，擅长短跑，曾在运动场上出过风头，不过现在当他把皮带尺挂在颈项上，手里拿着剪刀的时候，你无论如何想不到从前他是驰骋于田径场上的一位短跑健将。

这透露了张造寸曾是短跑健将的秘密。而实际上作为体育健将的张造寸也曾被媒体追捧。1930年张造寸作为华人队队长带领华人队参加上海万国长途竞步，获得总成绩冠军。《良友》1930年第45期刊登了他们获奖的照片，其中就有张造寸。

上海"造寸"虽因善做女装驰名沪上，但他更为后人津津乐道的是张爱玲为它取名的事情。骆贡祺在《风靡沪上的海派旗袍》中称张爱玲经常到"造寸"看张造寸裁制衣服，"每次来店，总是有礼貌地先叫一声'造寸师傅'，而不像其他人那样直呼'小浦东'。有一次，张爱玲来店要求为她做一条大红裙子，张造寸认为她身材瘦长、皮肤白皙，不宜穿大红色的裙子。但张爱玲坚持说：'我小时候没穿过好衣裳，所以想要穿得鲜艳夺目

些。'于是，张造寸就替她
做了一条猩红色丝绒镶金
丝的高腰长裙。张爱玲穿
在身上，哈哈大笑道：'我
这身红裙，真要妒煞石榴
花了！'高兴之余，张爱玲
忽然心血来潮，想要替张
记裁缝店取个好听的店名。
张造寸问：'取什么店名
好呢？'她胸有成竹地说：

**体育健将张造寸**

'我看你的大名做店名蛮好的。造寸，造寸，寸寸创造，
把我们女人的衣裳做得合身漂亮。'张造寸连连点头道：
'到底是有名气的大作家，肚子里有学问！'于是，张记
裁缝店就改名为'造寸时装店'了"[1]。

　　造寸时装店的店名是否为张爱玲所取，很值得怀疑，
因《风靡沪上的海派旗袍》并未写明这则故事的原始出
处，其他文章与此类似，因此当作逸事听听就行了。但

---

　　[1]骆贡祺:《奇人纪实的上海故事——骆贡祺晚年作品集》下集，
上海交通大学出版社2015年版，第533页。

张爱玲称赞"造寸""把我们女人的衣裳做得合身漂亮"却值得采信，因"造寸"女装很讨沪上女士欢心，已成了海派旗袍的一个标志。

1956年上海"造寸"由沪迁京，另有历史，这里就不赘述了。

张福良主编《服装市场营销》中有收有一篇《回眸香港时尚》的文章，对香港时装业的发展有如下描述：

> 香港的女子时装业则产生于50年代，当时，许多原在上海经营时装生意的英才到香港，带去了大批名师，在有"小上海"之称的港岛北角就开设有造寸、国芳、黑白、豪华等著名时装公司，到60年代，香港的西式女装发展到了全盛时期。[1]

显然这篇文章认为北角是香港女子时装业兴起之地。这篇文章首先提到了"造寸"，说明"造寸"在当时的香港是很有影响的。文中提及的"国芳"，即国芳时装

---

[1] 张福良主编：《服装市场营销》，高等教育出版社2001年版，第45页。

公司，在英皇道308号，"造寸"的西边；"黑白"即黑白时装公司，在英皇道381号，就在"造寸"旁边。这些时装公司，还有这篇文章没有提及的英皇道的上海鸿翔公司都和上海有一定的渊源。

在号称"小上海"的北角有这么多和上海有关的时装公司，对于生活在北角的上海和江浙移民来说，自然是既亲切又实用的。熟悉上海"造寸"的上海移民在英皇道上看到"造寸"的牌子应该是别有一番滋味的。

香港"造寸"由沪商汪松亮、顾亦珍夫妇于1949年创办。汪松亮，安徽休宁人，早年到上海当学徒，20岁时在上海创办泰丰毛巾厂。20世纪50年代在香港创办德昌电机有限公司。顾亦珍，江苏无锡人，1937年在上海创办华富染织厂，1947年又在上海创办华富内衣厂。移居香港后，夫妇二人合力经营香港华孚制衣集团公司，大力打造"造寸"品牌。

从汪松亮、顾亦珍夫妇创业的历史看，他们和上海"造寸"并无传承关系，也未见上海"造寸"授权其使用"造寸"品牌的文献，他们在香港重树"造寸"旗帜，除了特殊的历史原因，他们很清楚"造寸"在上海早已是海派旗袍的一个标志，在北角这个"小上海"能迅速为流寓此地的上海人所接受，也应是一个主要的原因，否则他们净可另取别的名字。

事实证明香港"造寸"的出现不仅满足了在港上海人对于上海"造寸"的怀念和延续海派旗袍的生活习惯，也使得香港当地人逐渐接受了海派旗袍和海派时装。如亦舒在小说《胭脂》中提及"葛芬"这个人物时女主人公说："摩登才好，我一向以她为荣。我一直记得但凡尤敏有的大衣，她也有一件，一般是造寸定做。"[1]这虽是小说，也能反映出当时香港女人对"造寸"的喜爱。

香港"造寸"除了英皇道和高士打道的店面，在弥敦道221号B也有一间店面。

1959年香港电影懋业公司出品的《云裳艳后》曾借弥敦道的香港"造寸"拍内景。请先看前面这两幅电影《云裳艳后》的截图。

将截图一和弥敦道香港"造寸"图做比较，不难

---

[1] 亦舒：《胭脂》，湖南文艺出版社2018年版，第208—209页。

弥敦道的香港"造寸"

电影《云裳艳后》截图一

电影《云裳艳后》截图二

发现二者就是同一个地方。首先截图一左上角的"造寸"标志虽被镜头有意遮盖了，但还是露出了一点，这一点和弥敦道实地图片是吻合的。其次，两图中门厅上方都有两只亮着的筒灯，所在位置亦相同。此外，截图二左上角"造寸"的标志和弥敦道门头的店标是一致的，这基本可证明《云裳艳后》中的服装店场景是在弥敦道的"造寸"拍摄的。那为什么电影懋业公司要将"造寸"作为取景地呢？这首先应从电影本身找原因。

《云裳艳后》是由林黛主演的音乐时装片，她在片中饰演一名在孤儿院长大的孤女，为了帮助孤儿院解决财务困难，她偷偷参加时装歌舞表演比赛，希望获得奖金来贴补孤儿院，事情被脾气火暴且头脑守旧的王院长知道后，认为有失体面，于是一众女同学为她掩饰，从而闹出一连串笑话。影片中孤女的男朋友小林是一家服装店的裁缝，平日就住在店中，因此服装店的戏份较多。选择"造寸"来拍摄服装店首先是剧情需要。此外，这部电影不仅是一部时装片，也是一部贺岁片，因此主创者不仅希望它是"迎新春的第一朵彩云"，也希望它是"裁新装的唯一部蓝本"。这就要求影片中的服装要成为新春时节引人关注的时装。电影公司的道具显然不能完成这个任务，必须与服装公司合作。电影懋业公司找到的提供服装的公司恰是香港"造寸"，这样用造寸公司作为拍摄地也就顺理成章了。

50年代后期香港"造寸"已取代上海"造寸"，成为代表"造寸"的唯一商家了。

# 北角的鸿翔与云裳

　　20世纪二三十年代，上海静安寺路（今南京西路）
上有两家著名的女子时装公司，即云裳公司和鸿翔公司。
有趣的是，50年代北角英皇道也有两家时装公司，一个
是"云裳"，一个是"上海鸿翔公司"。它们之间到底
有没有关系呢?

　　要想弄清二者之间的关系，先要了解一下上海的
鸿翔与云裳。有研究者对这两家公司的历史做过简要
评述:

　　　　1927年，唐瑛、陆小曼等的云裳公司初开时，

因为与其事者、捧其场者皆文学、艺术、交际界的名流，可谓声势煊赫，报章也直言从此有了新式女装，视其为女子时装公司的开山。其实，早在十年前（1917年），鸿翔时装公司就已在与云裳公司同一条路——静安寺路863号诞生了，那才是沪上第一家女子时装店。……套用文艺界的术语，云裳可谓是先锋派，鸿翔则是实力派；先锋易消歇，实力成大器。云裳后来转手易人，金鸿翔却在1927年荣膺上海时装业同业公会理事长。此后，上海滩的西式女装，就是鸿翔的天下了。[1]

关于云裳转手易人的情况，现在还未看到确切的史料，而沪上女装成为鸿翔的天下，虽有点夸张，但鸿翔存在时间长，直到1956年公私合营才消失，显然鸿翔的生命力比云裳强大。

鸿翔公司是由金鸿翔（1895—1969）于1917年创办的，关于金鸿翔的早年经历和鸿翔的经营情况，蔡钧徒

---

[1] 周松芳著：《民国衣裳：旧制度与新时尚》，南方日报出版社2014年版，第156页。

《总经理金鸿翔先生小史》的记叙较为准确：

金鸿翔

鸿翔时装公司总经理金鸿翔先生，南汇人，年四十岁。并任浦东同乡会理事，及时装业主席。赋性慷慨，热心公益，受其惠者甚重，固不限于时装业中人也。先生幼时，即知注意时装，拜当时时装业巨子张鸣岐为师，从事研习。既成又追随其舅氏蔡孝廷，以图深造。历在海参崴、哈尔滨等处设时装店，均卓有声誉。二十三岁时，始来沪，创设鸿翔公司于静安寺路，自任总经理，维时规模不大，只有工人十余，然以式样新奇，又能约期不爽，且定价甚廉，深得中外仕女之信仰，故营业蒸蒸日上，逐年扩充。欧战后，营业尤盛，乃设分肆于西藏路。今则总公司固已非复昔日，范围之大，何止十倍，而分肆旧址，亦不敷展布，迁至南京路新新公司西首，职工增至千余人之多，其发展之速，洵足令人咋舌也！盖先生对于时装，萃其全力于一个时字，式样之新奇，趋时尚也，定期不爽一日，则守时刻也。中间并曾赴欧西各国，采取时新式样，以为借镜，可见先生实事求是之一斑。然则鸿翔公司之有今日，良非偶然矣！[1]

金鸿翔用心经营鸿翔，终于赢得回报，不仅在芝加哥国际博览会上获得银质奖，也得到宋庆龄、胡蝶等女士的青睐，胡蝶一度成为鸿翔的代言人。蔡元培也为鸿翔公司题词："国货津梁"。

曹聚仁在《上海春秋》中写到云裳公司时称，"云裳初创，那是民国十六七年的事。创办人如唐瑛（交际花）、江一平（名律师）、江小鹣（艺术家），都是上海一流人物，登高一呼，闺秀震动，大衣便成为妇女不可少的打扮了。不过，这些创办人，只能开风气，而不能做事

---

[1] 蔡钧徒（1904—1938），本名蔡安福，字履之，上海浦东人，因所写文章常署"海上钧徒"，人皆称其蔡钧徒。1934年3月，他创办了《社会晚报》自任发行人兼经理。"八一三"淞沪抗战开始后，刊载了大量的抗日文字，引起日方不满。1938年被日本唆使的黄道会杀手杀害。该文原载1934年《社会晚报·时装特刊》。

身着鸿翔定制
时装的胡蝶

业，云裳公司不久就转手，给本行做去了"[1]。结合《总
经理金鸿翔先生小史》来看，云裳公司是借名流轰动一

[1]曹聚仁：《上海春秋》修订版，生活·读书·新知三联书店
2016年版，第249页。曹文称云裳创办者"都是上海一流人物"，可
参看周瘦鹃《云想衣裳记》(《申报》1927年8月10日）的记载："云裳
公司者，一专制妇女新装束之新式衣肆也。创办者为名媛唐瑛、陆小
曼二女士与徐志摩、宋春舫、江小鹣、张宇九、张景秋诸君子，而予
与老友钱须弥、严独鹤、陈小蝶、蒋保厘、郑耀南、张珍侯诸子，亦
附股作小股东焉。"

时，并"不能做事业"，所以很快便不能维持。

曹聚仁说云裳"不久就转手，给本行做去了"，却没说明接手的本行是谁？蔡辉在《第一家女子时装公司究竟谁办的？》一文中对这个问题做了探讨：

> 唐瑛、陆小曼平时应酬太多，无心经营，云裳又以小股东为主，初期资本只有一万元，到1928年底已亏折殆尽，急需四千元救急，最终很可能是张幼仪家买断云裳，让她当上了"总经理"。
>
> ⋯⋯
>
> 据《小脚与西装》，张幼仪"因为接受了南京路上中国女子商业银行董事会的一再邀请，转去担任总经理之职，于是云裳公司就关门大吉"，这是1928年的事。
>
> 可据《申报》1932年11月14日上刊载的《关于妇女职业的谈话》，作者专访了甘金荣（云裳创立时任董事兼艺术顾问，她的先生谭雅声曾任上海跑马厅总经理），甘称："云裳是文艺界诸位先生费了几多心血的产物，如由它无人负责，而职其自然演化，结果是辜负了许多人的

愿望，我便决心把它中兴起来。"可见云裳并未
"关门大吉"[1]。

　　蔡辉认为云裳1928年底亏折殆尽，"最终很可能是
张幼仪家买断云裳，让她当上了'总经理'"。《小脚与
西装》已称张幼仪去中国女子商业银行董事会担任总经
理，"于是云裳公司就关门大吉"，说明张幼仪不大可能
在1928年接手云裳担任总经理。关于张幼仪此前是否做
过云裳的总经理，研究者多持否定意见，本文不做深究，
只想大致弄清既然云裳并未"关门大吉"，那接盘者是
何人。

　　关于这个问题，周梦在《传统与时尚：中西服饰风
格解读》中写道："在30年代中期，过于理想主义又过于
浪漫的云裳公司从静安寺路122号迁到680号，转手给做
服装本行的人经营，云裳的繁荣时期结束了。"[2]周松芳
在《民国衣裳：旧制度与新时尚》中写道："云裳公司

---

　　[1]蔡辉：《第一家女子时装公司究竟谁办的？》，《北京晚报》2017
年7月21日。

　　[2]周梦：《传统与时尚——中西服饰风格解读》，生活·读书·新
知三联书店2011年版，第116页。

不久就易主了。具体易主时间不得而知，亦难得知，因为接手者为谭雅声夫人甘金荣……据《申报》1932年11月14日寄萍的《关于妇女职业的谈话》，大体可定于是年稍早一点。文章说甘金荣女士邀他去参观云裳公司，说'我接办云裳之初，有三个动机'等等，邀人参观，介绍动机，显示接手不久，不然毋须费此唇舌也。"[1]由此可知，接手云裳的是谭雅声的夫人，但谭雅声的夫人不是甘金荣，而是甘金翠。云裳公司从静安寺路122号迁到680号，应该就是在甘金翠接手之后。至于，甘金翠是不是在1928年接手云裳，目前还未看到相关资料，只好继续查考了。

相对于甘金翠何时接手云裳，我更关注她接手的云裳何时结束。目前，30年代后期云裳的信息非常少，可能该公司是在抗战前结束的。

据1949年福利营业股份有限公司出版的《上海市行号路图录》下册，在麦赛尔蒂罗路雁荡路路口，有一家云裳时装公司。图录上这家公司的名称是云裳时装公

［1］周松芳著：《民国衣裳：旧制度与新时尚》，南方日报出版社2014年版，第154—155页。

司，实际上全称是云裳绸缎时装公司。云裳绸缎时装公司不是单纯的时装公司，还经营呢绒、绸缎，这和30年代的云裳时装公司是不同的。该公司标举"薄利商店"，显然是务实派，这和云裳时装公司的"先锋派"迥然不同。现在也未看到甘金翠将云裳时装公司迁至麦赛尔蒂罗路雁荡路路口的记载，因此可初步判断林森中

麦赛尔蒂罗路雁荡路路口的云裳绸缎时装公司（《上海市行号路图录》下册，福利营业股份有限公司1949年版）

路的云裳绸缎时装公司和静安寺路的云裳时装公司没有传承关系。

50年代的香港有三家云裳：

| | |
|---|---|
| 云裳 | 英皇道347号 |
| 云裳公司 | 大道中72号A |
| 云裳服装店 | 吴淞街166号 |

1949年后甘金翠移居香港，目前还未看到她在香港开办云裳的记载，这三家云裳是否与她有关，现在还无从判断。这三家云裳是不是同一家公司，也无从判断。但三家云裳也许和40年代上海的云裳绸缎时装公司有关，也就是说云裳绸缎时装公司很有可能迁到了香港。

不论香港云裳是否与上海云裳有关，50年代的香港突然出现了三家云裳，而且英皇道、吴淞街又是上海人聚集的地方，这倒颇值得关注。即便这三家云裳与甘金翠、云裳绸缎时装公司没有关系，它们彼此之间也没有从属关系，"云裳"作为上海女装的标志、海派的代码，也能唤起移居香港的上海人的历史记忆，让他们在异乡不仅能继续消费"云裳"的产品，也能

云裳公司（大道中72号，图左）

接续关于"云裳"的个人记忆，至少看着亲切。

香港云裳和上海云裳未必有传承关系，可香港的鸿翔公司却是上海鸿翔公司的分公司。

从下面这张50年代英皇道上海鸿翔公司的广告可看出，北角这家上海鸿翔公司先用"创设上海一九一六年"表明自己与上海鸿翔公司是总店与分号的关系，同时把"上海鸿翔"作为关键词，来强调"春装"的品格，而且还把上海鸿翔公司的商标印在"上海"二字之上，这都是在强调自己的上海出身，强调自己是上海鸿翔的传人。

金鸿翔当年留在上海继续经营鸿翔公司，并未随40年代末的移民潮前往香港。1956年上海鸿翔时装公司改为公私合营，总号改名鸿翔时装商店，东号一度改称新妇女服装商店，经营方向由高级时装转向大众棉布服装。

既然金鸿翔并未去香港，那香港北角的鸿翔公司是什么人开办的呢？

据顾元鹏、周纪芳《记鸿翔时装公司》记载，"一·二八"事变后，市场一度不景气，金鸿翔派戚盛贵、顾春和运一大批服装去香港，斟酌当地市场情况出售。经过近一个月时间，服装销完，两位职员回来，请金鸿

香港的上海鸿翔公司广告

翔查看账目，金却忙着办酒席为他们洗尘，以示感谢。[1]
这说明上海鸿翔公司30年代就曾去香港做生意。而骆贡
祺《奇人纪实的上海故事——骆贡祺晚年作品集》下集

---

[1]吴汉民主编，蒋澄澜、周骏羽、陶人观等副主编：《20世纪上
海文史资料文库第4辑·商业贸易》，上海书店出版社1999年版，第
222页。

则称，"更难能可贵的是，上海解放前夕，一些企业搬迁到港澳台地区。金鸿翔非但不走，而且还把早先设在香港的办事机构迁了回来"[1]。这说明上海鸿翔公司在香港一直有办事处，这个办事处应该就是分店。金鸿翔既已把香港的办事机构撤回内地，而北角的上海鸿翔公司又宣称它是上海鸿翔公司的分店，那比较可能的情况就是上海鸿翔公司香港办事处虽然撤销了，但没有回上海的办事处人员独立扛起了上海鸿翔的招牌，选择在上海人聚居的北角来经营这个老牌子。

---

[1] 骆贡祺：《奇人纪实的上海故事：骆贡祺晚年作品集》下集，上海交通大学出版社2015年版，第564页。

# 国芳时装公司的沪港接力跑

　　20世纪40年代上海南京西路有一家国芳时装公司，50年代香港英皇道也有一家国芳时装公司。英皇道国芳时装公司的隔壁是云华酒店和燕云楼，它们都是上海人开办的。

　　南京西路的国芳时装公司是当时的绒线编织师鲍国芳开办的。关于鲍国芳及其开办这家公司的情况，1947年《海潮周报》刊登的《海上"编结"名女人鲍国芳终身有靠》这样写道：

　　　　上海以编结绒线，而致著名之女人，计有三

鲍国芳

人。资望最富，享誉最盛者，为黄培英；善于投机而名气小溢者，为冯秋萍；自称编结大王其最殷实而名不如前者，为鲍国芳。鲍为黄培英之女弟子，冯秋萍之表姊妹，极工心机，又擅交际之术，因教导闺房编结法与海上著名药铺胡善积堂发生关系，每日跑进跑出。胡善积堂老板，向有寡人之疾，以鲍之不时下降，日子一久，忽时常与鲍谈谈，十分亲善，十分投机。鲍完全是宾主关系，不及其他，但善积堂之主人则心怀叵测，鲍也明知有此一点，乃赖胡为进展之路，做做生意经，竟小获财富，于是开起国芳时装公司。以鲍之经营得法，生意甚好，胡药材空具一番心机，付之流水。……鲍开国芳与胡丝毫无关系，而其得发，胡实为之代奠基础，这点手腕，上海妇人中，千中难觅其一。鲍目前还是孑然一身，看上去来日要变女哈同。女人有了钱，终身有靠，也不必嫁人矣。[1]

鲍国芳生平资料很少，30年代主要从事绒线编结，是海派编结的代表人物，照片曾在《北洋画报》头版、《礼拜六》封面刊出，被称为海上名媛。1933年在静安寺大生绒线店工作，工余出版了《毛绒线手工编结法》系列丛书，1934年至1941年间先后出版了七集。1935年成立国芳编结社。1936年结识胡善积堂老板。胡老板名叫胡积安，又名胡善卿，是沦陷时期伪上海市警察局局长卢英门生。从《海上"编结"名女人鲍国芳终身有靠》可知，鲍国芳是依靠胡积安做生意"小获财富"后开办国芳时装公司的。鲍国芳能在沦陷时期的上海开办国芳时装公司，显然与胡积安是伪警察局局长的门生有关，这就是她的"基础"。实际上，胡积安正是她公司的保证人。

1942年10月9日，《申报》刊有国芳时装公司的广告，以"新开店、新货色、新花样，诚实无欺，跌过限

[1]《海上"编结"名女人鲍国芳终身有靠》，《海潮周报》1947年第54期。

上海南京西路的国芳时装公司

价，并非虚伪"为号召。从这则广告看，当时国芳时装公司刚开业不久。国芳时装公司既标榜"贵族化"，又特辟半价部，附设的国芳编结社还有"代客定结衣衫"的服务，确实"经营得法"。1944年5月后《申报》上很难看到国芳时装公司的广告，可能公司就结束于这一年。

据福利营业股份有限公司1947年版《上海市行号路图录》上册记载，40年代后期国芳时装公司原址南京西路985号已变成北极公司，可知国芳时装公司结束后是北极公司进驻了985号。

1949年11月，鲍国芳在永祥印书馆出版了《国芳挑花范本》，版权页显示总发行是南京西路1255号国芳编结社。这说明在结束国芳时装公司后，鲍国芳又继续以国芳编结社的名义从事编结业务。

董水淼在《海派编结的先驱——鲍国芳》(《上海工艺美术》2011年第4期) 中称50年代初上海无线广播电台私营台还有鲍国芳指导编结学习的广播节目，又说"进入五十年代，不知何故鲍国芳便淡出了海派编结舞台，直至销声匿迹"。我觉得50年代后鲍国芳可能移居香港了，英皇道的国芳时装公司可能就是她开办的。现在还不知道这家国芳时装公司是何时结束的，但它显然是接

上海国芳时装公司广告

续了40年代上海国芳时装公司的血脉。当年上海国芳时装公司依托汪伪势力做靠山，是它在抗战结束后没能继续在上海营业的重要原因。50年代的香港时空皆不同于上海，在香港复业没有历史包袱，是国芳时装公司能重新出世的主要原因。至于鲍国芳是怎么从上海到香港的，也许永远是个谜了。

　　1955年香港电话簿显示英皇道449号的个人用户是鲍国。英皇道308号是国芳时装公司，离鲍国的住处很近，这个鲍国或许就是"极工心计"的鲍国芳。

# 上海摄影师创办的中国照相馆

北角的中国照相馆最初位于英皇道297号，后迁至311号，它的右边是璇宫戏院，斜对面是国芳时装公司和燕云楼。

璇宫戏院、国芳时装公司和燕云楼，上海都有，现在它们一起出现在香港北角，无疑强化了北角地区的上海元素，虽然它们的企业归属不一定还与上海有关。

1953年香港丽的广告出版社出版的《小说月报》第三期刊有中国照相馆的广告。

由广告可知中国照相馆的主人是顾志刚。冯凤三在《朋友眼中的韩菁清》中称北角初称"小上海"时，顾志

北角璇宫戏院

北角英皇道二九七號
中國照相館
人像藝術 人像專家顧志剛主持
團體紀念
文具證摅

中国照相馆广告

178

刚设"中国照相馆"于英皇道上,且称"名店"。[1]冯凤三（1918—2006）,祖籍宁波,生于上海,是海上著名小报作家,最有名的笔名是冯蘅。1950年,冯凤三移居香港,继续做专栏作家,笔名改为司明,长期为《新生晚报》写"小块文章"。

冯凤三在《朋友眼中的韩菁清》中说抗战胜利后上海有所谓的"洋易八仙","八仙"以长幼为序,分别是陈蝶衣、潘勤孟、顾志刚、冯凤三、谭雪莱、席曙天、黄彰才与韩菁清。这个"八仙"是由摄影家顾志刚撮合而成的。

顾志刚是20世纪40年代上海著名的摄影师,擅长人像摄影和新闻摄影。顾志刚应是50年代初由上海到香港的。他在英皇道开中国照相馆时陈蝶衣、冯凤三、韩菁清、张露都在香港。张露就在他的照相馆对面的燕云楼驻唱,想来必是经常见面的。在上海时顾志刚给张露拍过很多艺术照片,香港的中国照相馆想来不仅出现过张露的倩影,也接待过很多附近来拍照的上海老乡吧。

---

[1] 殷世江、黎阳编著：《秋的怀念：韩菁清梁实秋纯美爱恋真情纪事》,华文出版社2005年版,第193页。

179

20世纪40年代的顾志刚

20世纪40年代顾志刚拍摄的张露像

　　我藏有一张顾志刚拍摄的照片，背面有一个长方形蓝绿色铃记，上面除了"顾志刚摄"是中文，其他都是英文，地址是九龙。从铃记上的电话号码位数判断，此照应摄于60年代，那时中国照相馆应该迁到了九龙。

　　顾志刚晚年返沪，在上海去世。

# "华懋"这块牌子是从
# 上海带到香港的

20世纪50年代北角丽池花园大厦住过几位来自上海的企业家，日后都成了香港大亨，华懋集团的王德辉、龚如心夫妇就是其中之一。

华懋集团在香港大名鼎鼎，但它不是土著公司，而是由沪商华懋公司发展而来的。

王德辉，祖籍浙江温州，1933年生于上海。祖父曾创办了益丰染料公司。王德辉的父亲王廷歆接班后，分别于1941和1946年在上海成立荣华公司及华懋公司。荣华公司从事染料生意，是英国染料公司ICI（帝国化学工业公司）的代理商。华懋公司主要从事西药进口业务。1946年，王廷歆在香港成立华懋公司分公司（雪厂街9号）。这一年他的合作伙伴顾林华在港成立荣华公司香港分公司，办公地点也在雪厂街9号。1948年王廷歆全家移居香港。

龚如心1955年由上海迁居香港。她的父亲龚云龙早年是英国染料公司ICI上海公司职员，与王廷歆因工作往来逐渐熟识，后成为结拜兄弟。因这层关系，龚如心小时候常到王家玩耍，与王德辉青梅竹马。1955年王德辉与龚如心在香港结婚，婚后居住在北角丽池花园大厦。

王德辉中学毕业后在华懋公司工作，60年代初自立门户，与龚如心创办"华懋置业"，将华懋主要业务转向地产，为买方提供按揭分期付款服务，这一成功举措使华懋集团迅速发展，在20世纪70年代成为香港最大的私营地产商之一。

1983年王德辉被匪徒绑票。1990年再次被绑票，至今下落不明。后龚如心独掌华懋，曾是香港女首富。

# 上海"电池大王"变身
# 香港"玩具大王"

　　1948年，北角英皇道地段6904号新开了一家开达实业有限公司，主要制造各类塑胶产品，兼营冷房业务。1954年后生产的塑料玩具不仅风靡香港，也行销欧美，其O.K.商标遂驰名国际，公司总经理丁熊照更被誉为香港的"玩具大王"。

　　这家成就"玩具大王"的公司并非香港本地人所创办，而是由沪籍厂商上海汇明电筒电池制造厂在香港开办的，这其中的渊源要从丁熊照说起。

　　丁熊照（1903—1976），字耀周，江苏无锡人。1916年经一位姓叶的先生介绍去上海一家绸缎洋布店做学徒。

丁熊照（摄于1937年）

1920年创办三和西式皮革制造厂，因个人资本微弱，无力抗衡洋商，竟告失败。后进入大东电池厂，在业务熟悉后自创振丰国货电池号，先专销大东厂的产品，后兼营其他厂的产品。1925年在上海与人合资创办汇明电池厂。1929年独资创建永明电筒厂。后将汇明电池厂与永明电筒厂合并为汇明电筒电池制造厂。此后，为实现配套生产，先后创办了永明炭棒厂、和明炭精厂、汇明电器厂和保久小灯泡厂，形成了完整的电池电筒生产体系，生产的大无畏牌、虎牌电筒几乎将外国产品逐出了中国。抗战爆发后，除了部分设备迁渝，厂舍物资悉被侵华日军劫掠，遂在租界建简易厂房，继续生产。1943年后拒绝与日伪合作。1945年被日本宪兵逮捕，抗战胜利后方获释。

丁熊照在《丁熊照先生自述》中对抗战时期工厂的生存状况有如下记载：

抗战开始时，熊照因环境之牵制，虽有一部分物资运装汉口转至重庆，但个人不能亲赴前方工作。只有为维持数百职工之生汁，羁留孤岛，减低生产，勉维清苦之生活。对于业务，客户采办成品，均请自为出货，力求减免与敌伪之接触。而所采用之大无畏牌商标，更因不肯向南京伪府登记，在初期时备受冒牌货充斥市面之损失。在灯火管制时，虽知有冒牌，只有用开导和劝导之方式始为解决，可证一个正当商人经营之困难也。在太平洋战争爆发时，原物料运输均要申请，更有被征用之虞，又因不愿与日人合作，电力等均受限制。无法生产下，自己设法发电，藉维厂中生产。种种苦况，殊难尽述。然即令如此，在胜利来临前，仍以爱国之罪名受宵小构陷，被敌伪捕送至贝当路日本宪兵队中拘留达两周，至胜利之日始获释放。此种事实，似均可作熊照之爱国维持民族大节之证也。[1]

---

[1] 无锡历史文献馆编：《梁溪忆旧——台北市无锡同乡会〈无锡乡讯〉选萃》，苏州大学出版社2015年版，第91页。

上海汇明电筒电池制造厂广告

20世纪30年代，丁熊照在上海就有"电池大王"之美称，抗战胜利获释后遂重理旧业。后因内战，社会动乱，通货膨胀，原材料匮乏，工厂生产很不正常，丁熊照不得不另寻出路，遂于1947年派奚毓义到港创办开达实业有限公司。1948年丁熊照将其百分之九十的财产留在上海，携眷去香港。

因初期开达实业有限公司用人不当，几乎蚀本，本已无办厂兴趣的丁熊照只好再次出山，亲自整顿，公司才扭亏为盈，蒸蒸日上。1954年港督葛量洪到"开达"参观时，因素闻该厂对待工人优厚，遂有"当熊照自沪来港之日，即香港居民幸福"之语。丁熊照还曾担任过香港塑料工业总会会长、香港工业总会会长等。晚年著有《真理与现实——一个香港工业家的回忆录》（香港开达实业有限公司，1970年）。

丁熊照在北角由上海"电池大王"变身香港"玩具大王"，是沪籍厂商华丽转身的典范，是50年代香港传奇中的传奇。

# 北极公司的沪港双城记

　　七姊妹道在北角非常有名，它位于英皇道之南，自西向东，基本上贯穿了北角南部。当年北极公司的工厂就在七姊妹道。北极公司最初是上海北极公司的分公司，于1947年成立。这家公司的总部在皇后大道中公爵行，在告罗士打行设有产品陈列室，总经理黄宣平住在浅水湾，经理住凤辉台7号，服务部主任住明园西街20号。

　　黄宣平（1910—1981），祖籍厦门，生于上海，父亲黄佐廷曾任教育部驻美留学生监督。早年毕业于上海圣约翰高中，后去加拿大多伦多大学留学。1930年毕业后进入美国北极公司和通用汽车公司研究所实习，并赴欧洲考察。

1932年在上海与陈定达合作经营美商北极公司，担任工程师和经理职务。1934年秋与商务印书馆经理夏瑞芳之女夏璐敏结婚，婚后去欧洲旅行，回国后写成《太平洋运输录》。1936年发起组织中国通惠机器公司，专门制造高压力的压气机。当时的《调查与介绍：中国通惠机器股份有限公司》称"沪上所有之影院冷气压气机，凡中国制造者完全为该公司出品"[1]。该公司生产的"通惠牌"电冰箱，销路甚畅。后又与友人创办了瑞氏药厂、通惠地产公司、通惠贸易公司等企业。

**黄宣平**

正当北极公司逐渐壮大之时，陈定达于1940年10月2日被汪伪特工枪杀，10月12日黄宣平被汪伪特工绑架。

陈定达（1895—1940），字三才，早年毕业于北京清华学校，后留学美国，获伍斯特理工学院理科硕士学位。

---

[1]《调查与介绍：中国通惠机器股份有限公司》，《华股研究周报》1944年第7卷第4期。

回国后与黄宣平一起经营北极公司，兼任中国通惠机器公司常务堂事。1940年7月9日，因参与刺杀汪精卫被捕，10月2日在南京雨花台被杀害。抗战胜利后，亲友将其遗体运回上海，安葬于万国公墓。

黄宣平是在赫德路（今常德路）669号寓所门外被绑架，关押在白利南路（今长宁路）的黑穴里，二十四天后花钱赎出。出狱后，黄宣平撰写了《上海的黑穴》和《李弼的人生观》。他后来在自传中认为被绑架的原因主要是北极公司受国民政府财政部秘密委托制造铝币。

1947年，黄宣平见时局动荡，遂到香港成立分公司。《沪港双城记：政商红人黄宣平及其后人》记录了他在港经营北极公司等情况：

> 虽然他的姐夫郭德华是驻港专员，但一切从头开始。例如北极牌当时在港已交由英商天祥洋行代理，黄宣平唯有改而代理名气较低的Crosley冰箱，过两年北极牌见他在港站稳阵脚，才将总代理权交给他，1948年11月他把家人亦接到香港。由于北极牌是名牌，又在告罗士打行（今置地广场）设有陈列室多年，公司一直以冰箱业务闻名，但真正令他在香

位于上海静安寺路989号的北极公司

上海北极公司办公室

港赚大钱的，是代理开利冷气（Carrier）的业务。黄宣平在上海时期代理rick牌冷气，当年他的扶轮社友朱博泉（Percy Chu）办的大光明戏院、美琪戏院等安装中央空调都由他包办。到香港后第一宗生意是家印度餐厅，第一单主要工程则是高可宁家族的湾仔菲林明道东方戏院（今大有大厦），随后又接了中环娱乐戏院的生意，开创香港戏院进入有冷气的时代。开利原本是黄宣平业务上的劲敌，但由于韩战爆发后远东政局不稳，开利决定改用代理制，有一次坐飞机时他坐在大通银行大班的旁边，这位大班撮合了黄宣平与开利。五六十年代香港经济开始起飞，一栋栋的商厦、厂房及旅馆的兴建为黄宣平带来大量生意，其中代表作包括尖沙咀总统酒店（现凯悦酒店），中环的联邦大厦（今永安集团大厦）以及龙子行（已拆卸），上海帮的香港纱厂以及中央纱厂。据儿子黄翊民（Wilfred Wong Jr.）回忆，当年很多生意是由他们在上海已相熟的建筑师如甘洺（Eric Cumine）及基泰等介绍。除了希尔顿酒店（今长江中心），置地公司的物业因为要光顾有关连的怡和工程（Jardine Engineering）所代理的约克牌（York）冷气以外，几乎所有那个年代兴建的大楼的冷气工程都由开利包办，在香港业界占了半边天。黄翊民回想他们最骄傲的，是接到文华酒店（后易名文华东方）建立时五百万元的那宗生意。文华是怡和发展的酒店，本可顺理成章用约克牌冷气，但怡和大班一心要用最好的材料盖旅馆，结果舍约克而取开利。[1]

这个记录已较详细，但没有我关心的七姊妹道北极公司工厂的情况，比如工厂的管理人员是否有上海移民？有多少？工人中的内地移民有多少？他们在北角的业余生活如何？

看来北极公司的双城故事还有很多不为人知的角落，希望有研究者能先填补北角部分的空白。

---

［1］罗元旭：《东成西就——七个华人基督教家族与中西交流百年》，生活·读书·新知三联书店2014年版，第65—66页。

# 北角梁新记兴盛于上海

20世纪50年代，英皇道203号有一家广东人开办的梁新记，在号称"小上海"的北角，它虽不是上海人开办的公司，却与上海渊源甚深。

方卡主编的《中国民间故事全书·上海·黄浦卷》下册有一则《梁新记牙刷，一毛不拔》：

今天五六十岁的上海人大概都晓得"梁新记牙刷，一毛不拔"这么一句话，它讽刺某些吝啬的人，很难从他们身上得到一分钱。但你可晓得，这句话本来却是一则广告。

30年代初期，广州城里姓梁的兄弟办起了一家牙刷厂，哥哥叫梁石盛，弟弟叫梁石新，他们把厂名取做"梁新记"。梁新记生意越做越大，本来只有七八个人，发展成为一百多人的工厂了。后来，牙刷厂迁到了上海。

……

（梁新记）登在报纸上的广告设计可以说是用心巧妙。画面上一位老人，脚踩牙刷柄，双手拿钢丝钳，钳牢牙刷毛用力拔，他头上汗珠嗒嗒滴，牙刷柄已经弯曲，但牙刷毛就是拔不动。广告上写着"梁新记牙刷，一毛不拔"九个大字。这样有趣的广告，马上吸引了许多买客，而牙刷的质量也果然不错，于是名声响得不得了。[1]

这则民间故事把梁新记和歇后语"梁新记牙刷，一毛不拔"的关系大致说清楚了，但因是民间故事，也有个小错误，首先是把这家兄弟公司的兄弟弄反了，其次

---

[1]白庚胜总主编：《中国民间故事全书·上海·黄浦卷》下册，知识产权出版社2016年版，第826—827页。

梁日新　　　　　　　　梁日盛

是把名字写错了，实际上哥哥叫梁日新，弟弟叫梁日盛。这家工厂不仅造牙刷，还造出了口口相传的歇后语，公司事迹还成了民间故事，真是个传奇。

当年梁新记很多广告上都有"一毛不拔"的字样。

梁新记虽兴起于广东，却兴盛于上海。1937年前沪上人士非常喜欢梁新记的牙刷，以至于梁新记广告上都写着"上海人最欢迎"。

澄子《双十牌梁新记兄弟牙刷公司创立史》记载了梁新记的创立史，文章称"本公司创立于民国纪元以前，总经理梁日新，协理梁日盛，广东南海佛山镇人"。梁氏本为镇中望族，后家道中落，但日新幼具远大眼光，"尝谓牙刷一物，事业虽微，但究为人生日用必需品物，将来国人卫生常识普及，则牙刷生意，当比目下增百千万倍之营业。其母张氏，壮其志，遂为其筹挪资本七十元，试办家庭手工厂造牙刷"。牙刷造出，可苦无销路，后经族人介绍，在镇内升平街长兴街口，租一小房为发行所，竟极得社会一般人之欢迎。民国成立后，梁氏兄弟先在香港文武庙设支行，后移至中环大马路（今皇后大道）营业，引起全港市民的注意。1920年，梁日盛、陈冰侠在上海五马路（今广东路）开设支行。是年秋，梁日盛返港，在上环大马路增设支行。同时，梁日新又在广州惠爱西路增设制刷工厂和发行所。因其"十字牌"牙刷有假冒产品出现，遂改用"双十牌"和"一毛不拔牌"商标，向北平农工商部和香港政府注册。1922年，因上海五马路支行店址狭小，改在跑马厅南京路口另设支行。"此支行店面娇小玲珑，陈列货物，均含有美术化及科学化，而于是时本公司在上海所做之广告，花样翻新，海上士女，均以购得本公司'一毛不拔'牙刷，为极有趣味之事"。后陈冰侠用通信广告法，将牙刷广告放在信中，由其夫人叶俊生女士亲自递派，"递派时，叶女士先向该店伙友鞠躬"。"此种用时装女士递派通信

此刷為本公司之最新出品。定價特别低廉。客户批銷。容易

侵點：一毛不拔　售價：特别低廉

60雙十牌牙刷

售售：因此刷式樣美觀。故能使一般顧客樂於購用也。

**梁新记牙刷广告**

广告，在欧美固为习见之事，但在我国则属破天荒之创举也，故各商店伙友，接此通信，初则瞠目，继则争读信内广告，读后哈哈大笑之声浪，弥漫空中。"后梁日盛重回上海，在南京路中市设立驻沪总行，每天上午八时至晚十一时，"顾客临门，人山人海"。[1]1925年，在上海西门典当弄设新厂，后迁至斜桥局门路源吉里，开始用机器制造牙刷。这一年8月，梁新记兄弟牙刷公司正式成立。1928年，上海厂日产机制牙刷八千余把，合佛山、广州各厂，总计日产牙刷数万余把。《双十牌梁新记兄弟牙刷公司创立史》自豪地写道："在今日中国牙刷公司之中，本公司敢夸为最大之牙刷厂也。"

抗战时期，梁日盛将机器西迁，先在汉口大智路创

---

[1]澄子：《双十牌梁新记兄弟牙刷公司创立史》，《商业月报》1928年第8卷第12期。

设新厂，后内迁重庆，成立重庆分厂。广州、香港沦陷后，这两地的梁新记公司均蒙受损失。抗战胜利后，梁新记总行又迁回上海五马路，广州、香港公司复业后发展迅速，恢复了对南洋的出口。1956年公私合营后，梁新记并入上塑八厂。1957年，梁日新在上海病逝。1957年，梁日盛移居香港，继续经营香港梁新记，1983年因年迈结束公司业务。1990年，梁日盛在港去世。

香港梁新记总号在皇后大道中123号，商号名"梁新记双十牌牙刷"，皇后大道中153号的分店叫梁新记，英皇道的分店也叫梁新记。皇后大道中的两家梁新记是当年的老店，英皇道的梁新记可能是40年代后期开设的，它的发展和北角"上海化"进程是合拍的。

北角多上海移民，他们在异乡看到梁新记双十牌牙刷，定会有亲切之感，因他们在上海本就喜欢用这个牌子的牙刷。梁新记在英皇道开分店自然也是看到了这里面的商机。不知上海移民在北角用梁新记牙刷时，是否还念叨着"梁新记牙刷，一毛不拔"？

# 吴熹升家的北角冻房

章遏云《章遏云自传》写到在港拍电影《王宝钏》时说:"可惜这部纪录片是黑白片,各地拷贝都卖不出去,在台湾未能通过,在香港也始终没有上演,底片存在吴熹升家的'北角冻房'里,多少年都没有付仓租,看来这部影片,早就给他们当作废片处理了。"[1]

这里提到的"北角冻房",全称是香港冷藏有限公司北角冻房,位于北角和富道。

章遏云说北角冻房是吴熹升家的,下面简单说说

---

[1] 章遏云:《章遏云自传》,台北大地出版社1985年版,第136页。

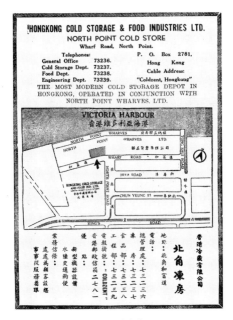

北角冻房广告

吴家。

　　吴熹升是著名制片家吴性栽之子，北角冻房是吴性栽创办的。吴性栽（1904－1979），字鑫斋，浙江绍兴人。早年主要经营颜料，有"颜料大王"之称，也兼营胶片生意。1924年在上海创办百合影片公司。1925百合影片公司与大中华影片公司合并成立大中华百合影片公司，吴性栽任董事长。1930年，与罗明佑经营的华北电影有限公司和黎民伟的民新影片公司合并，成立了联华制片印刷有限公司，仍任董事长。1946年独资创建文华影片公司。1948年在北平创办清华影片公司。1948年底迁居香港。1950年主持成立龙马影业公司。著有《京剧见闻录》。

吴熹升和吴性栽一样酷爱京剧，尤其喜欢杨宝森的杨派戏，1950年曾请杨宝森、张君秋到香港演出。1954年吴熹升任立康有限公司总经理，经营塑胶原料及进出口，办公地址在历山大厦1008室。

北角冻房的经理是后来的香港商界名人叶若林，吴家的吴仲升也参与管理。

1962年上海评弹团到香港演出，宣传册上有北角冻房等公司的广告，说明北角冻房是当时演出的赞助商之一。

# 来自上海的香港"烟草大王"

北角英皇道487—499号是香港烟草有限公司，这家公司的董事长兼总经理是何英杰。何英杰被称为香港"烟草大王"，民间又称"何伯"，长年隐居于香港烟草公司顶楼，甚少外出，很多人已忘记了这位"何伯"来自上海。

很多文章都说何英杰是上海浦东人，其实并不准确，他本是江苏无锡人，出生在浦东。1943出版的《中国名人年鉴·上海之部》这样介绍何英杰：

　　何英杰先生，现年三十三岁，生于农历六月初八日，江苏无锡人。民国十五年，始从事于印刷界。十八年，初创振昌印刷厂。廿二年，受正大橡皮印刷厂聘，任经理。廿四年，继办新亚橡皮印刷厂，自兼总经理职。复出其余绪，经营烟厂事业，任裕华烟厂股份有限公司董事长，兼总经理厂长职，及利华烟行经理，大陆烟行监理诸职。先生英明练达，手腕敏捷，尤善谋决，其治事也，辄谋定而后动，一经定制，则大刀阔斧，按部做去，有条不紊，必成功而后止。近日烟草事业，颇有特殊发展之势。先生所主持之烟厂，及利华、大陆烟行，均为个中翘楚也。先生秉性温厚，待人彬彬有礼，友朋乐与周旋，属员甘为效力，沪地人士，多以一识荆州为荣。鹏程万里，可拭目而待也。永久通讯处：白克路四百三十四弄二十六号。[1]

----

[1] 张丹子编：《中国名人年鉴·上海之部》，中国名人年鉴社1943年版，第367页。

何英杰 香港烟草有限公司信封

　　关于何英杰如何从印刷改行做烟草，这个简况没有说明。梁伯枢在《何氏祖孙：背负强国使命的大实业家》一文中讲出了原因："抗战初期，工人们纷纷逃难而去，印刷厂无人上班，何英杰只身一人，拿出自己所学十八般印刷技能，画石拼版，开机印制。在战火弥漫的上海，新亚印刷厂成了全市唯一开门营业的印刷厂，利润升了10倍，短短两周就赚了2万元。接着，他又把这批钱全部投放到国外定购纸张，恰逢纸价天天上涨，不到一年又赚回了几十万元。1942年，何英杰用这笔钱，在上海办起了香烟厂，所生产的第一个产品'高乐'牌香烟，很受烟民喜爱，从此家业越搞越大。"[1]

由此可见，抗战时期坚持开办印刷厂，及时订购国外纸张，又"恰逢纸价天天上涨"，使何英杰赚到了人生第一桶金，是他转手做烟草的原因。但上面这段文字中有三处提法不够准确。第一，新亚印刷厂全名是新亚橡皮印刷厂；第二，生产"高乐"牌香烟的烟厂是创办于1943年的裕华烟草股份有限公司；第三，"高乐"牌香烟不是何英杰所生产的第一个产品。这就有必要了解一下何英杰创办烟厂的情况。

据李斯年《杂牌烟王"高乐"老板何英杰拟遁往美国》称，何英杰最开始筹备烟厂时向各处印刷主顾筹集股款，但认股的不多，他又四处告贷，终于在聚兴坊里的一幢石库门内开了一家小型烟厂，"楼上作为住家，楼下半间是烟厂，半间是印刷所"。这样何英杰从石库门烟厂起家，由"印刷跑街"逐渐成了"杂牌烟王"。[2]

《中国名人年鉴·上海之部》中何英杰的永久通讯

---

[1] 梁伯枢：《何氏祖孙：背负强国使命的大实业家》，《国际人才交流》1998年第10期。

[2] 李斯年：《杂牌烟王"高乐"老板何英杰拟遁往美国》，《图文》1946年第2期。

处是白克路434弄26号，这也是新亚橡皮印刷厂的厂址。由此可知，"楼上作为住家，楼下半间是烟厂，半间是印刷所"，指的就是白克路434弄26号的情况，半间印刷所就是新亚橡皮印刷厂，但那半间烟厂却不知是什么名字。

目前所知，何英杰在上海开办烟厂的情况如下：

1939年与章拔炯创办运东烟草股份有限公司，营业所在中正南二路272号，工厂在愚园路1395号，生产佳美、龙球、宝光、运东等牌子的香烟。1940年创办裕东烟草股份有限公司，营业所在白克路（今凤阳路）400号，工厂在愚园路1401号，生产三狮、快马、长江等牌子的香烟。1943年创办裕华烟草股份有限公司，营业所在中正南二路272号，工厂在方斜路114号，生产高乐、红士、永利、苏格兰等牌子的香烟。

由此可知，世人称何英杰为"杂牌烟王"是有原因的，他生产的香烟品种也太多太杂了。在他创办的烟厂中运东烟草股份有限公司是最早的，工人有五百多人，显然不是石库门中的小型烟厂。关于石库门中的小型烟厂的情况现在一无所知。当时新亚橡皮印刷厂在聚兴坊石库门时就印制过上海大东南烟公司的烟标。

"高乐"牌香烟广告

　　这说明何英杰在正式做烟草之前就已承印烟标，是熟悉烟草行业的，我想这也是他改行做烟草的一个原因。1949年他在香港创办香港烟草有限公司，在香港拓展烟草事业，生产良友香烟，并代理万宝路等多个世界名牌香烟，成为香港"烟草大王"，完成了从"印刷跑街""杂牌烟王"到"烟草大王"的传奇跨越。

　　何英杰晚年热心公益，扶贫济世。1983年成立"良友慈善基金会"。1994年成立何英杰基金会有限公司。2000年，何英杰去世之后，香港亚洲电视报道了他的生平和慈善事迹，称他一生共计捐款几十亿元，是一个非常低调的大慈善家。由此晚年的何英杰在香港完成了人生的新跨越，从"烟草大王"变成了大慈善家。

关于何英杰是如何在港创办香港烟草有限公司，梁伯枢在《何氏祖孙：背负强国使命的大实业家》中也有记叙："二次大战结束后，36岁的何英杰途经印度，取道埃及，历尽艰险抵达伦敦。在英国，他定购了当时最为先进的卷烟机。1949年这批设备运抵香港，何英杰于是移师香港，创立了香港烟草公司。从此，良友牌香烟，连同广告'良友好烟味'，风行于香港街头巷尾。"[1]1946年上海的杂志也曾报道过何英杰的行踪。据子王《何英杰伦敦归来》称，当时何英杰和潘有声去英国订购机器，回国后又在南市盘了一家烟厂。[2]而《杂牌烟王"高乐"老板何英杰拟遁往美国》则称何英杰拟遁往美国，而且要和潘有声一起去。从何英杰后来的人生轨迹看，当时他并没有遁往美国，而是在订购机器准备扩

---

[1]梁伯枢：《何氏祖孙：背负强国使命的大实业家》，《国际人才交流》1998年第10期。

[2]子王：《何英杰伦敦归来》，《快活林》1946年第40期。

大生产规模，只是后来时局的发展限制了他的经营规划，最终他选择在香港建厂，奇迹般地从上海"杂牌烟王"变成香港"烟草大王"，为他晚年成为大慈善家做了丰厚的物质铺垫。

从北角的发展来看，他的香港烟草有限公司无疑是上海人打造"小上海"重要力量，而他生产的良友烟也应是"小上海"日常生活的新标，当时北角的街头巷尾应不乏抽着"良友"的上海移民。这就意味着，50年代北角的烟草史其实是和移民史有密切联系的。

# 来自上海的名医

　　20世纪50年代的香港有一批来自上海的名医，他们主要在尖沙咀、湾仔、北角这三个地方行医。北角能被称为"小上海"，除了上海人聚居，有上海人开的饭店、商店和公司，上海名医也是"小上海"的重要元素。

　　陈郁（1889—？），湖南郴州人，曾任中央国医馆副馆长、卫生署中医委员会主任委员。1949年到香港，在英皇道324号二楼坐诊。他的弟子陈养吾与他同年到港。陈养吾（1910—1987），江苏江阴人，中医药学家，40年代在沪上行医。1949年在英皇道93号创办养吾堂药厂。后曾任港九中医师公会永远荣誉会长、会长，中国医药

养吾堂药厂的神龙丸广告

学会会长。

朱鹤皋（1903—1995），江苏南通人，著名医家朱南山之子。1925年随父到上海行医。1933年发起成立上海市国医公会。1929年起任中国医学院教授。1936年创办新中国医学院。1949年到香港，先后任香港新华中医医学会会长、香港中国医学院院长等职。50年代，朱鹤皋的门诊主要在北角堡垒街7号二楼，一般是上午九时至下午二时，下午三至五时到湾仔皇后大道东187号万年堂坐诊。后诊所移至英皇道321号三楼。朱鹤皋看病很照顾贫苦病人，在《新晚报》的门诊广告上写着"贫病诊金不计"。

60年代后，"小上海"逐渐从北角移向湾仔，这是因为湾仔的上海人本就不少，湾仔离市中心又近，上海人在北角站稳后逐渐向市中心靠拢。这时本在湾仔的上海店铺和诊所就成了他们西移的桥头堡。

朱鹤皋

朱鹤皋门诊广告

　　湾仔的上海名医最有名的是丁济万和陈存仁。丁济万（1904—1963），常州武进人，孟河医派的传人。早年先为祖父丁甘仁侍诊，后到上海广益中医院任医职。1926年后任上海中医学院院长。1949年到港，在洛克道开设万昌堂行医。曾任北角街坊福利促进会监事。

　　陈存仁是沪上名医丁甘仁、丁仲英的弟子，1949年到香港行医。著有《中国医学史》《银元时代生活史》等。

蔡登山在《洋场才子与小报文人》一书中写到了陈存仁到港行医的情况：

  一九四九年上海解放，陈存仁仓促离开上海，到香港时，陈存仁全家身上只有9000港币，连租个房子都租不起，幸亏一位亲戚把房子无偿借给他住，他只能挂一个小牌子，写着陈存仁诊所。秦瘦鸥说："我只知道到一九五二年内，他已在九龙闹市中心弥敦道的平安大戏院楼上设下了一间诊所，又在香港铜锣湾怡和街借到了一套公寓，半作门诊室，半作一家人（其时他的妻女已被接去）的居处。门诊的时间是上午九龙，下午香港，余时出诊，完全是一副南国名医的派头。"[1]

陈存仁

---

  [1]蔡登山：《洋场才子与小报文人》，金城出版社2012年版，第204页。

怡和街80号陈存仁诊所

　　此处提到的怡和街公寓在怡和街80号2楼，旁边有陈存仁诊所的招牌。因湾仔紧邻北角，这两处的上海人互动最多，湾仔也成为"小上海"向市中心的自然延伸。英皇道375号的万象大药行曾销售陈存仁的医学书籍。60年代，养吾堂药厂又在湾仔庄士敦道176号美华大厦12楼开设了分店。这些上海医生开设的诊所、药厂不仅满足了此地上海人看病吃药的需求，也让他们生活的"小上海"更像上海。

万象大药行广告

# 都城戏院的上海评弹

都城戏院是王宽诚购入名园游乐场后于1954年创办的一家戏院，位于英皇道426号，主要经营电影业务，经理是来自王宽诚维大洋行的王克强。

在很多北角移民的记忆中，都城戏院主要是看电影的地方。作家亦舒那时喜欢电影明星尤敏，央求母亲带她去都城戏院看《香港·东京·夏威夷》。作家沈西城那时跟随外婆在都城戏院看《香港之夜》首映，挤在人群中高喊尤敏姐姐。导演许鞍华早年跟姑妈在都城戏院看《蝴蝶梦》，这是她第一次看外国片。

如果说这些港片和外国片带给北角观众的是现代影像

上海评弹团1962年在香港演出的宣传册

艺术，那上海评弹团带给他们的则是传统的说唱文化。

20世纪50年代的香港也有评弹演出，但毕竟很少，市场有限。皇后大道中都爹利街的大沪弹词茶座，应是此中翘楚了。苏州弹词名家吴玉荪来港后就曾在这家茶座演出其拿手的《描金凤》。评弹在香港其实只有苏沪移民喜欢，但昙花一现的寥寥几家茶座并不能满足他们的欣赏需求和思乡欲望。

这种沉闷终于在1962年被打破。这一年7月6日至20日，上海评弹团访问香港，先后在香港大会堂、普庆戏院、百乐门餐厅、中华总商会礼堂演出评弹二十场，场场满座。其中7月15、16日夜场在北角都城戏院演出。

此次评弹演出是继1961年上海青年京剧团与越剧团赴港演出后内地传统曲艺首次在香港巡演。对于它的历史意义，何其亮在《个体与集体之间：二十世纪五六十年代的评弹事业》中称，"在国内经济遭受'大跃进'、'人民公社'运动沉重打击之际，国家迫切需要海外华人在经济上施以援手。'上海评弹团'赴港演出毫无疑问是一团结港澳华人的重要政治举措"，"其政治与经济目的不言自明，即'统战'与'增加外汇收入'"[1]。

当时的上海市文化局局长孟波嘱咐演员："要强调艺术，不做政治宣传，艺术演出成功，就能收到政治效果。"至于巡演取得怎样的政治效果，当时还未见有详细的评价，但艺术上的成功却有及时的反馈。1962年7月6日，《大公报》发表了吴人的《老树新枝　芳艳益增》，文中称"某听客曾撰文道：（书迷）覅（不要）说是听名家说书，就是看看格（这）本节目表，段段戏肉，节节精彩，

[1] 何其亮：《个体与集体之间：二十世纪五六十年代的评弹事业》，商务印书馆2013年版，第172页。

窝心得来！有人扬扬手里的戏票笑道：'格张末事（这张东西）比方卿格包干点心还重要'"[1]。这显然是长期苦闷后一朝夙愿得偿的激情流泻。

上海评弹团在香港演出的都是传统剧目，《个体与集体之间：二十世纪五六十年代的评弹事业》附录的《1962年上海评弹团香港演出目表》有都城戏院演出的剧目，由此可见一斑：

## 剧目表

| | | 开篇《黛玉葬花》 | 孙淑英 |
|---|---|---|---|
| 7月15日夜场 | 都城戏院 | 《杨乃武·翻案》 | 严雪亭 |
| | | 《珍珠塔·内堂报喜》 | 朱雪琴、薛惠君 |
| | | 开篇《楼台会》 | 徐丽仙、程丽秋 |
| | | 《武松·访九》 | 杨振雄、杨振言 |
| 7月16日夜场 | 都城戏院 | 开篇《莺莺拜月》 | 刘韵若 |
| | | 中篇《三约牡丹亭》 | |
| | | 《三约》 | 刘天韵、严雪亭、孙淑英 |
| | | 《设计》 | 徐丽仙、孙淑英、程丽秋 |
| | | 《闹园》 | 刘天韵、严雪亭、朱雪琴、薛惠君 |

---

[1] 何其亮：《个体与集体之间：二十世纪五六十年代的评弹事业》，商务印书馆2013年版，第175页。

据解军《醒木一声驻流年：唐耿良传》记载，上海评弹团到了广东后，先将一份赴港演出的节目说明书送给香港总督府审查，香港方面派香港大公报社费彝民和丰年娱乐公司董事长何贤来预审节目，费、何二人看了说明书都表示赞赏，这样演出的节目才确定下来。[1]

上海评弹团和北角也真有缘，在他们抵港的第二天，即7月4日，何贤在英皇道299号丽宫酒楼为上海评弹团洗尘，全团盛装出席，宴会气氛甚好。7月15日，上海评弹团演出的都城戏院就在丽宫酒楼东边，距离很近。

1962年7月15日，《大公报》刊登的《评弹团今移师北角　在都城戏院演两晚》称"北角本是江南移民聚居地，所以安排于此演出正是为了方便评弹听客"。北角的评弹听客想来多是江浙沪移民，虽然还未看到这些听客对上海评弹团的评价，但把北角作为其巡演的重要一环，已经表明了北角这个"小上海"在演出者心中的分量。对于上海评弹团而言，他们在北角的演出不只是献艺，更是慰问乡亲。评弹团的到来，让北角更有上海味

---

[1] 解军：《醒木一声驻流年：唐耿良传》，上海人民出版社2017年版，第175页。

道了。

从当时的一些报道看，上海评弹团在港巡演确实是成功的，但在"文革"中这次巡演的政治效果却被重新审视。1967年10月，上海评弹界斗批联络站主编的《评弹战报》刊登的《从香港报纸看"上海评弹团"赴港演出的投降主义》和《是为国争光，还是丧权辱国？——评一九六二年上海评弹团的赴港演出》，则把这次演出定位为"投降主义"和"丧权辱国"。何其亮在《个体与集体之间：二十世纪五六十年代的评弹事业》中道出了其中缘由：

> 除了书目上必须吸引香港听众，演员面貌上也有具体要求。某女演员本来梳两条辫子，为了香港演出需要，就把辫子剪掉了。由于评弹演员没有戏装，台上与平时穿的服装尤其重要，都努力向香港华人看齐。1967年造反派指责吴宗锡"到友谊商店定制三包一尖的奇装异服，男的洋装领带，女的旗袍高跟皮鞋。总之，一切力求香港化，连一举一动也要学香港的"，虽有夸大其词、造谣污蔑之嫌，但确实可以看出当时对于演员仪表的重视。为了将

演员们最光鲜的一面呈现给香港听客，接待上海团的新华社招待所工作人员每天都为演员们理发吹风刮胡子。[1]

这倒反映了上海评弹团巡演幕后的细节情况。都城戏院的听客不会知道当日评弹演员为了对得起观众格外重视仪表，竟被片面地认为是"力求香港化，连一举一动也要学香港"，进而被批为"投降主义""丧权辱国"。

---

［1］何其亮：《个体与集体之间：二十世纪五六十年代的评弹事业》，商务印书馆2013年版，第173—174页。

# 兼用普通话教书的清华中学

北角曾有一所清华中学，位于英皇道339号，是巢坤霖于1949年创办的。

巢坤霖（1888—1953），广东顺德人，早年就读于香港圣保罗书院、圣士提反书院、皇仁书院，后在英国伦敦大学留学。1915年应聘到北京清华学校英文部任教，同时兼任清华童子军司令。1923年从清华学校辞职到香港，担任教育行政工作。香港沦陷后，逃难至广西桂林。后应国民党中央宣传部副部长董显光的邀请，出任国际宣传处驻澳大利亚悉尼办事处主任。1949年任满返回香港；同年8月创办清华中学。

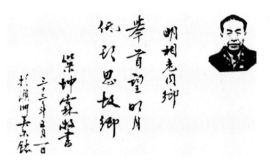

印有巢坤霖头像的明信片（郭存孝：《中澳关系的真情岁月》，黑龙江人民出版社2008年版）

关于清华中学初创的情况，黄荫普在《忆江南馆回忆》中写道：

> 同年八月，前任清华学校教师（后在香港政府服务）之巢坤霖先生约集留港同学及其他教育界人士在北角创办清华中学邀余任教职。回忆一九三五年辞任中山大学教授已达十五载，此时重执教鞭颇有学殖荒落舍己耘人之感，但亦不敢自放弃自遐逸乃同意参加工作。学校创办伊始教员只领少数薪金。一年之后中学又以经费支绌停办。[1]

---

[1]黄荫普：《忆江南馆回忆》，广宇出版社1989年版，第39页。

黄荫普（1900—1986），广东番禺人。1914年被保送至清华学校读书。后到英国和美国留学，1927年获美国哥伦比亚大学学士、硕士学位，并取得英国伦敦大学经济研究所研究员资格。同年7月回国，任中山大学经济系教授。1949年去港前在上海中央信托局工作。1951年任商务印书馆香港办理处顾问。著有《广东文献书目知见录》《忆江南馆回忆》。

黄荫普说清华中学一年后停办，但1955年香港的电话簿上还有清华中学的电话记录，到底何时停办，待考。

黄荫普只说清华中学在北角，没有说明具体地址。柳存仁在《巢坤霖》中指明是在"北角月园隔壁"，却也没说明具体地址，幸好1955年香港的电话簿上写明了是英皇道339号，在月园旁边，和柳存仁所说的是一致的。

柳存仁《巢坤霖》还写到了清华中学的一些情况：

> 他回到香港，在北角月园隔壁创办了那间可以兼用普通话教书的清华中学。他又接受了香港政府委任，担任新成立的官立文商专科学校的首任校长。那时候香港还没有中文大学，文商的设立，地点借

用港大，完全在夜间上课，已经寓有汉文大学的意味。这些都是任劳任怨、筚路蓝缕的工作，他都做得很好。他任清华中学校长的时候，自己穿规定的haer短裤，依然是他十多年前在北京老清华训练童子军的丰姿。[1]

柳存仁说清华中学"可以兼用普通话教书"，这在当时是很重要的一件事。因此前香港中小学的教学语言是粤语，1935年胡适到香港和当地教育界人士曾探讨过用国语教学的可能，没有被接受。柳存仁在《香港中等教育里的汉语教学》中曾谈及此事：

偶读胡适之先生的《日记》，民国二十四年（1935）一月八日他在香港，记云：

到胡女士（Miss Kate Wu）的圣保罗女校参观，并谈话。

扶轮社午餐，演说How China Made Progress during These 20 Years?

--------

[1] 柳存仁：《外国的月亮》，上海古籍出版社2002年版，第175页。

巢坤霖先生约同罗仁柏先生（华文学校的视学）汽车游九龙，详谈此间学校用国语的问题。罗君不甚赞同国语，故巢君邀他来与我游谈，要我劝导他。我们谈的很好。[1]

巢先生那时候在香港政府的学校教书。他是早期的留英学生，曾在北京的清华学校（清华大学的前身）教过英语和拉丁文，所以跟胡先生认识。巢先生在中国工作过，知道普通话的价值。罗先生和胡先生虽然谈的很好，也没有被这位五四新文学运动的名人的"游词"所感动，不然香港人也许六十多年前已经有机会能够让方言和国语竞爽了！

虽然巢坤霖当年没能借胡适之力说动罗仁柏用国语教学，但到他办清华中学时已有一定能力自己做主了，故而采用折中的办法，在清华中学"兼用普通话教书"。柳存仁在《巢坤霖》中用的是"普通话"这个词，

---

[1] 柳存仁：《道家与道术——和风堂文集续编》，上海古籍出版社1999年版，第93页。

其实就是国语。1953年苏浙旅港同乡会在北角创办苏浙小学，因当时香港所有中小学都以粤语授课，给香港苏浙籍子弟入学带来很多不便，故而苏浙小学决定用国语教学。

前有清华中学"兼用普通话教书"，后有苏浙小学用国语教学，说明当时北角地区内地移民子弟的入学问题是迫切要解决的社会问题，而清华中学、苏浙小学之所以能用国语教学，除了主事者的决心，北角地区日益增加的内地移民客观上促使主事者下决心用国语教学。苏浙小学主要接收苏浙籍子弟，清华中学的学生来源还未见到具体资料，但既然学校在北角，又"兼用普通话教书"，想来该校也应有内地移民子弟，其中也应包括住在附近的苏浙籍子弟或沪籍子弟。

柳存仁《巢坤霖》又说："巢坤霖先生死去很多年了。日子淡淡地过去，令人感叹，好像这样愁闷的岁月不知道应该怎样挨似的。检旧日记，巢先生殁于1953年11月19日，18日上午闻他昨日昏迷，入玛丽医院，下午去看他，人只在喘气，面黄，次日报载巢先生昨夜逝世。"看来柳存仁和巢坤霖交情很深。柳存仁1946年到香港，1953年在香港官立文商专科学校文学系教书，巢坤霖是这个学校的校长。当时能在香港官立学校觅得教职不是件容易的事，柳存仁进文商专科学校，应与巢坤霖有关。当时柳存仁住在北角电气道190号，在清华中学西边，距离很近，除了日常走动，也许他还曾在该校兼课，"用普通话教书"。

# 孙方中与苏浙小学

1953年9月8日，苏浙小学在北角道16号开学。这家香港的小学为何取名"苏浙"呢？这要从苏浙旅港同乡会说起。

苏浙旅港同乡会的前身是1939年创立的旅港苏浙沪商人协会。1937年"八一三"事变后，很多苏浙沪商人迁港，为联络乡谊，互相照应，加强合作，成立此协会。1941年太平洋战争爆发后，港九沦陷，旅港苏浙沪商人协会结束，代之而起的是苏浙同乡遣送归乡委员会，这个委员会在一年多的时间里遣送了五千多同胞回内地。1943年苏浙同乡遣送归乡委员会改称苏浙旅港同乡会，

苏浙小学

以造福旅港同乡，服务香港社会为宗旨。1946年苏浙旅港同乡会正式成立。

1952年苏浙旅港同乡会副理事长车炳荣[1]廉让北角道地基2200余英尺作为苏浙小学校址。这是该校能建在北角的基础。因学校是苏浙旅港同乡会的第一所会属学校，因此便取了"苏浙"二字做校名。1958年该会在北角建华街创办了第二所会属学校——苏浙公学，将苏浙小学中高年级迁入苏浙公学，称为南校，原北角道苏浙小学称北校。

苏浙小学的校董事会主席是徐季良[2]，校董有邵逸夫、包玉刚、安子介、陈存仁等，董事会成员多是上海迁港的精英。而苏浙旅港同乡会本是移民组织，必然关心移民的教育问题，因此苏浙小学办在北角，除了车炳荣廉让北角道土地这个原因，当时北角有很多江浙沪移民，教育市场强大，生源主要是这些移民的幼童，符合

---

[1] 车炳荣（1908—1987），浙江德清人，早年毕业于东吴大学法律系，后在上海开办律师事务所。1935年进入陶桂记营造厂。1945年创办保华建筑有限公司，1950年公司迁至香港。

[2] 徐季良（1901—1993），浙江绍兴人。早年肄业于浙江大学。1935年由上海至广州，创设大华铁工厂，稍后返沪，创设强华实业公司。抗战结束后在香港重建大华集团。1945年当选苏浙旅港同乡会会长。

　　该会开展移民教育的宗旨，也是一个重要原因。

　　要办好教育，校长的选择很关键。当时苏浙小学公开招聘校长，条件有三：一、江浙籍；二、五十岁以上；三、丰富的教学经验。最后孙方中在百余名应聘者中脱颖而出被聘为校长，成为香港最年轻的女校长。孙方中当时只符合第一个条件，是她良好的英文水平和自信最终让她成功过关，获得校董事会认可。

　　孙方中，生于1927年，江苏无锡人。出身无锡名门，"祖父孙荫午是无锡申新面粉厂总经理，外公张小楼是著名国画家，小姑母孙熙仁是荣德生长媳伟仁夫人，姨母张曼筠是爱国先驱七君子之一李公朴的夫人"[1]。早年毕业于上海圣约翰大学，后任无锡《人报》记者、南京《大刚报》记者。1950年与丈夫周镇寰移居香港。1953年6月15日，被聘为苏浙小学校长。著有《千丝万缕不了情》《掌舵破浪的岁月》。

　　孙方中在苏浙小学最大的举措是推广普通话教学。

---

　　[1] 孙裕中：《孙方中兴办教育誉满港九》，中国人民政治协商会议上海市委员会文史资料委员会、中国人民政治协商会议长宁区委员会文史资料委员会合编《上海文史资料选辑》1996年第4辑《史海拾贝》，1996年，第233页。

她在《素质教育——香港苏浙小学暨幼稚园》中写道："苏浙小学最初开办时，决定用普通话作为教学语言，基于下列两个原因：一是因为普通话是代表国家的语言，身为中国人，岂能不学好代表自己国家的语言？这是作为炎黄子孙应有的良

孙方中

知。二是普通话写出来就是文章，是近代人常用的书面语，学好了普通话，对文字的理解力及写作能力无疑能促进不少；换句话说，可以提高学生的中文水平。"[1]她又说："苏浙小学开办的最初几年，聘请的教师大部分是内地大学教育系或高等师范的毕业生，都具有丰富的教学经验与苦干精神。我们订立的制度，大都承袭了40年代内地通行的教育制度。我不敢说当时内地的教育制度比香港的教育制度好，但敢于肯定的是：内地的教育制度，更适

---

[1]顾明远，杜祖贻主编：《香港教育的过去与未来》，人民教育出版社2000年版，第583页。

合于中国的学生，因为中国的教育家为中国的学生订立的制度，必然较英国的教育家为中国学生订立的制度合适。"[1] 除了以上原因，苏浙小学的主要生源是北角的江浙移民，这些移民本来就在国语（普通话）环境中成长，接受普通话教学，自然是最为便利的，校方用普通话教学顺应了这个移民群体的教育需求。孙方中当初力排众议推广普通话教学，不遗余力，1982年还在《明报》发表文章大力提倡普通话教学和母语教学。当时北角早已从"小上海"变成"小福建"，苏浙小学的学生主要是闽粤籍，江浙籍仅占八分之一，推行普通话的难度反而要大于50年代，因为那时江浙籍还占多数。推广普通话教学的意义，不仅在于顺应了当年移民的教育需求，更在于让移民在认同当地文化的过程中，保留了语言上的故乡，使他们内心有根，使他们的后代有文化之根。

孙方中说："苏浙小学开办的最初几年，聘请的教师大部分是内地大学教育系或高等师范的毕业生。"这一原则突出体现在她对教导主任的选择上。早期她选择的两

---

[1] 顾明远，杜祖贻主编：《香港教育的过去与未来》，人民教育出版社2000年版，第584页。

位教导主任迄1983年已在苏浙小学服务二十四年：盛苹珏，上海人，毕业于上海坤范女子中学；仰慧英，江苏江阴人，肄业于上海沪江大学。孙方中和这两位教导主任都具有上海教育背景，这是她在苏浙小学承袭40年代内地教育制度的人力资源保障，也使得这所小学自然拥有了上海文化气息。

1954年9月，附设夜校成立。1955年4月，家长纯新、端木琦、陶崇兴、周镇寰发起组织了家长教师联谊会。1956年1月9日，钱穆到校参观。此后苏浙小学逐渐成为北角地区重要的移民学校，学生中有很多日后成为香港文化界的名人，如曾在该校学习的汪明荃，曾在该校幼儿班学习的亦舒。

孙方中如何治理苏浙小学，很值得研究，特别是早期的教学管理。如果把孙方中的教学管理研究拓展到对苏浙小学校史的研究，同时兼顾早期学生家长的迁徙和从业情况的研究，不仅会深化北角移民教育史的研究，也会成为北角移民史研究的重要入口。因为江浙籍学生大都出自移民家庭，他们的学籍档案应有不少移民史料，这是香港史研究中常被忽视的角落，期待有心人去做跨越沧桑的梳理。

# 袁树珊与润德书局

20世纪50年代英皇道342号有一家润德书局，它西邻是四五六菜馆，东邻是永生留产院、嘉宁大药行，斜对面是皇家公寓。

余世存所编《非常道》记录了袁树珊为马连良算命的故事：建国后，马连良夫妇从香港回到北京，离港之前，曾请星相家算命卜卦。这个有名的星相家，就是住堡垒街的袁树珊。卜算的结果，袁树珊说："你（马连良）还有十五年大运。"[1]

---

[1] 余世存编：《非常道》，辽宁教育出版社2010年版，第195页。

　　这里提到的星相家袁树珊就是润德书局的主人，当时马连良就住在润德书局对面的皇家公寓，袁树珊住的堡垒街也在附近。马连良去找袁树珊算命，自然是因袁树珊当时已被称为命学大师，名声在外，此外，住得靠近，有地理之便，也应是个小原因。

　　袁树珊（1881—1968），江苏扬州人，本是医卜世家，家学渊源。其父开昌，以医为业，亦精通卜筮之术。袁树珊早年随父寓镇江城西，学究岐黄，尤精命理，逐渐成为医学家、星相家。著有《命理探源》《大六壬探源》《选吉探源》《中西相人探源》等。袁树珊最初在镇江三善巷创办润德堂书局，后改名润德书局。镇江沦陷前，他将书局迁至上海静安寺路同福里12号，这里也是他在上海的寓所。1948年袁树珊移居香港，在北角堡垒街27号继续开办润德书局，同时在香港轩鲤诗道302号二楼也有店面。50年代中期书局迁至英皇道342号，60年代门牌调整为344号。

　　袁树珊是全家移居香港的，其中就有他的儿子袁福儒。袁福儒本想跟他父亲学算命，袁树珊却说他有两套衣钵，一套算命，一套医学，希望袁福儒在他死后把算命的衣钵砸烂，去继承他的医术。此后袁福儒专心医理，又留学日本学医，成为一代医学大师，著有《中国针灸医药准绳》等。袁福儒，字德谦，在移居香港之前，是上海公共租界注册的中医师，在爱多亚路（中正东路）284号浦东同乡会的浦东大厦行医。60年代，袁福儒在英皇道344号2楼，即润德书局楼上开办了中华中医药学院。同时，英皇道344号2楼还有一家民光小学和中华妇女学校。

袁树珊平生最崇拜武训，曾在其家乡兴办义学。与润德书局同在344号的中华妇女学校创办人袁清谦，是其家人。民光小学的创办者，目前还不知道，可能也是袁树珊家人。这样，我们不难得出这样一个判断：袁树珊家族除了开办书局、中医药学院，也开办学校，有一整套产业。在那个乱世，能在香港有这样的布局，说明袁树珊很有远见。

1947年2月，上海润德书局出版的《标准万年历》第八版刊有袁树珊的《征诗启》：

客有问余曰："人生荣萎得丧，万有不齐，果关系命数否？"余笑而不言，爰占七律一章答之。是否有当，录呈海内同志粲正。

人生扰扰欲何之，水到渠成自有时。

落魄岂皆由浊世，扬眉未必值昌期。

安危顺逆原前定，趋避从违贵预知。

莫道此中兼谶秘，義爻挠甲是吾师。

袁树珊是用此诗告诉世人，处世达观，又能预知趋避，总能掌握自己的命运，何必去信命数，问卜于人！

1948年2月，《标准万年历》第九版在香港堡垒街润德出局出版，这说明最晚在1948年2月袁树珊就到香港了。他比一般上海移民来得早，不是落魄而来，而是提早布局，确实高人一筹。

# 马连良皇家公寓收徒

1948年至1951年，京剧名家马连良曾客居香港。其长子马崇仁多年后对马连良在香港的居住情况有简要说明："生活条件也根本不能与在内地时相比。1948年底时，我们住六国饭店；班底走后，搬到了九龙塘一所别墅；1950年，又住进北角皇家公寓；最后，我们在铜锣湾摩顿台租了一套公寓。"[1] 这里提到的北角皇家公寓，就是英皇道355号的皇家公寓，东边紧

---

[1] 马龙：《听歌想影话梨园》，团结出版社2014年版，第114—115页。

皇家公寓

邻五芳斋。

马连良在皇家公寓居住期间还收了一个徒弟——汪正华。

汪正华（1928—2012），江苏扬州人。1938年进入上海戏剧学校学习老生。1945年随顾正秋剧团在上海、青岛、天津、南京等地演出。1948年到香港，在张君秋和马连良的戏班做"里子活儿"。1950年拜马连良为师，同年在香港与杨宝森同台演出。后成为杨派艺术名家。1957年进入上海京剧院。

汪正华曾在封杰的访谈录中提到香港拜师的往事：

当时马连良先生住在香港，我们住在九龙，我每日坐轮渡到他住的皇家公寓去学戏。他的班社里有位唱旦行的老演员朱琴心先生很喜欢我，见马连良先生对我比较偏爱，就向马先生提出："既然你喜欢就收了吧！"而我毕业后也没有拜过老师，再者马连良先生又是顶尖级的艺术家，能够得拜马连良先生对我来讲自然是一件幸事。这样，我就在马先生五十大寿当天磕了头，成为他的入室弟子。这一天，我终生难忘——1950年的正月初十。[1]

1950年吴性裁之子吴熹升请杨宝森到香港演出，吴熹升和汪正华是老友，推荐汪正华为杨宝森做"里子活儿"，自此汪正华与杨宝森和杨派艺术结缘。

杨宝森到香港演出时他的司鼓杭子和也住在皇家公寓。苇窗在《张伯驹诗忆余叔岩》中写道："杭子和曾于1950年秋来香港，为杨宝森司鼓，居英皇道皇家公寓。"[2]

杭子和（1887—1967），北京人，著名京剧鼓师，在其六十余年的司鼓生涯中，先后为王凤卿、余叔岩、杨宝森等京剧名家司鼓，被称为"北方最负盛名之打鼓老"。晚年在天津戏曲学校任教。著有《司鼓生涯》（杭子和口述，张奇墀整理）。

这一时期的皇家公寓除住过京剧界的人士，还住过一位画家。《九华堂所藏近代名人书画篆刻润例》刊有一

[1]《杨派正韵　后继有人——京剧名宿汪正华访谈录》，封杰《京剧名宿访谈壹编》，商务印书馆2016年版，第285页。

[2] 苇窗：《张伯驹诗忆余叔岩》，刘真、张业才、文震斋编《余叔岩艺事》，2005年，第239页。

杭子和

吴子深

则《吴子深书画润例》，润例中的收件地址是"香港英皇道三五五号皇家公寓二楼"[1]。

吴子深（1893—1972），江苏苏州人，六岁时随表兄包天笑学诗词，十七岁随舅父曹沧洲习中医。1930年组织桃坞画社。抗战期间鬻画沪上。1949年后移居香港，主要以行医为生。在他居港期间，表兄包天笑也寓居香江。

---

[1] 于建华：《近现代书画名家价值考成》，学林出版社2012年，第175页。

# 王岳峰与海角公寓

　　英皇道383号的海角公寓是20世纪50年代北角地区的新型公寓，租金较高。这家公寓是王宽诚开发明园山项目的一部分，1947至1948年间投资600万元建成，是"28幢楼高4层的屋苑"[1]。海角公寓能被文史研究者提起，主要是因为它有一些房间曾是亚洲文商夜学院的分校。

　　1949年钱穆、唐君毅等在香港创办亚洲文商夜

---

　　[1] 宁波市政协文史委编：《王宽诚研究》，中国文史出版社2007年版，第42—43页。

学院，初期租赁九龙伟晴街华南中学三间教室上课，后在炮台街另租楼宇作为宿舍。后新招的台湾同学无法安置，情势窘迫，幸得上海商人王岳峰在英皇道海角公寓内租得若干房间作为临时宿舍和教室，才渡过难关。

在王岳峰为亚洲文商夜学院租得海角公寓前后，他和唐君毅有过几次交往，唐君毅还去过王家。他们之间的交往被唐君毅记在日记中，可惜记得太简单，我们无法得到更多细节信息。

1950年王岳峰在桂林街为亚洲文商夜学院租得房屋，学院因此有了立足之地，遂改组为新亚书院。唐端正所编《唐君毅先生年谱》对此有这样的记载："亚洲文商夜学院由于得到王岳峰先生经济上的支持，乃于是年二月二十八日，改组为新亚书院。王先生慨然以发展海外文化教育事业为己任，认为新亚书院应为一所现代性的国际大学，内设文、理、法、商、医务学院，故其规模决不小于香港大学。惟大处着眼，小处着手，故初步发展，先在九龙深水埗桂林街六十一、六十三、六十五号租用了三、四楼，作为校舍，除四楼用作教室外，三楼则用作办公室、学生宿舍及教员宿舍。使支离

1953年的海角公寓广告

破碎的局面，总算有了一枝之栖。"[1]这说明王岳峰对于新亚学院不仅在经济上给予支助，对于新亚书院的定位和发展也有自己的考量。显然，在新亚书院的历史上，王岳峰是有独特地位的人，可惜研究新亚书院者多忽视王岳峰的历史存在，有的书籍对于海角公寓也不关注，提到这段历史时只简单说是一家公寓，连海角公寓的全名也省略了。岂不知这样一来，上海商人王宽诚开发北角的历史，上海商人王岳峰在海角公寓为亚洲文商夜学院租房的历史都被遮蔽了。上海人与北角的一段佳话就此沉埋。

---

[1] 唐端正编撰：《唐君毅先生年谱》，《唐君毅全集》卷二十九《年谱·著述年表·先人著述》，台北学生书局1990年版，第71—72页。

王岳峰到底是何许人呢？

一般研究论著只说他是上海商人。张丕介曾说"王先生来自上海，为一建筑企业家，富于资财，对中国的传统文化，极为热心"[1]。张丕介和唐君毅是了解王岳峰的，可惜他们的记载太过简略。努力翻检故纸，仅知王岳峰是上海兴中建筑公司经理，1945年前曾在云南草坝建设蚕业新村。他何时到港，在港做何生意，是否还在做建筑，许多疑问都还未有答案，这迫使我写下这篇短文，既表彰他对亚洲文商夜学院、对北角教育的贡献，也呼吁知情者能写一篇有细节的王岳峰生平事略。

---

[1] 张丕介：《新亚书院诞生之前后》，宋叙五主编《张丕介先生纪念集》，香港和记印刷有限公司2008年版，第66页。

# 宋淇与星都招待所

　　宋淇曾在北角开过一家星都招待所，这件事连他的儿子宋以朗也不清楚。

　　宋以朗在《宋家客厅：从钱锺书到张爱玲》（花城出版社2015年版，第60页）中写道："有资料说，父亲于1949至1951年间，在北角堡垒街拥有一间酒店。我没有听他说过这件事。但他在国内做生意，赚了不少钱，而且他既然有本事把上海老家的餐桌与美国大房车都运过来，想必十分富有，能买下一整间酒店自然也不足为奇。"

　　这说明宋以朗也相信他父亲有能力开"酒店"。

1950年1月22日，夏济安在致夏志清信的末尾写道：

> 我在香港生活，就是这么平平地过去。宋奇新开了一家小型旅馆"星都招待所"（Sanders Mansion），他的公司本来叫城大行。英文名称 S.D.Sanders & Co.，他自居 Vice-president。这个 S.D.Sanders 大约是 president，但并无其人，是他发明来骗人的。有一天假如真出来一个 S.D.Sanders 去看宋奇，倒是很合乎宋奇趣味的一部喜剧题材。[1]

宋奇即宋淇。由此可见，宋淇并未开过酒店，但确实开过一家"小型旅馆"——星都招待所。夏济安并没说明星都招待所开在哪里。实际上这家招待所就开在北角堡垒街，下面这封1953年由上海寄往北角堡垒街星都招待所的信就是一个证明。

这封信说明星都招待所不像宋以朗所说的存在于

---

[1] 王洞主编，季进编：《夏志清夏济安书信集》第1卷，浙江人民出版社2017年版，第429页。

1953年由上海寄往星都招待所的信

1949至1951年间。此外，在1955年香港电话簿上也登记有一家星都招待所，地址不是北角堡垒街，而是皇后大道中4号。若这家星都招待所是北角星都招待所的延续，那说明星都招待所到1955年还存在。

这封信同时也说明当时上海人是星都招待所的常客。1950年上海作家潘柳黛以讨债为名闯过罗湖关口到达香港，最初就住在北角堡垒街星都招待所。

周文杰在《柳黛传奇——民国上海四才女之潘柳黛传》一书中说"潘柳黛刚到香港时住在北角新都招待所"，可当时北角并无新都招待所，而只有星都招待所，因此新都招待所应是误记。

周文杰还写到了潘柳黛刚到香港的情况：

　　但她感到1950年的香港远不如上海大都市繁华，她顿时产生了一种莫名的凄苦之感。由于这儿举目无亲，广东话对她又如此陌生，能否闯出一条路来，她似乎有些信心不足，她留念北方的大饼、油条。为了省钱，她住进香港北角新都招待所，她觉得又将重新拾起十年前的流浪者生涯了。但香港能吸引她的是，这一个自由港。之后，她发现不少她熟悉的上海文友金雄白、黄也白、陈蝶衣、沈苇窗、张善琨、易文等。还有电影导演屠光启、陶秦、严俊等。演员有李丽华、白光、周曼华、韩菁清等也先后来到香港了。

　　潘柳黛在香港首先幸运地遇上了《新报》发行人罗斌，罗斌向她约稿，而且给予她较优的稿酬。这一喜讯，顿使她的生活得以安定下来。[1]

　　潘柳黛熟悉的这些上海友人，特别是电影界的朋友，多是宋淇的朋友。潘柳黛是怎么知道星都招待所的，有

---

　　[1]周文杰:《柳黛传奇——民国上海四才女之潘柳黛传》，安徽文艺出版社2011年版，第124页。

关书籍并未说明。第一种情况自然是通过宋淇，但未见这方面的资料。第二种就是经由香港的上海朋友介绍。宋淇既在上海人聚居的北角开招待所，肯定是要做上海人的生意的，而这生意就是给刚来香港的上海人提供临时歇脚的地方。无论是1950年的潘柳黛，还是1953年的朱泰来，在举目无亲的异地，

潘柳黛

能住在上海人开的招待所，总会多一份踏实，少一分凄苦。于是我很想知道住过星都招待所的上海人或内地移民究竟有多少。他们每个人都有一段属于自己的沪港故事，若宋淇能留有星都招待所的住客登记簿，能有全部的住客名单，那不仅是北角旅馆史的珍贵史料，更是一份珍贵的上海移民史料，是后人打捞沪港故事的珍贵线索，可惜这些线索已难寻觅。

# 夏济安在六国饭店的开销

1949年4月29日，夏济安作为上海时代企业公司的职员到达香港，住在公司老板汪荣源安排的临时招待所，在给夏志清的信中说当时他"带了一两金子、两百多块美金"，最后说"宋奇在港，不知住在何处"。

5月19日，夏济安在致夏志清信中写道：

> 五月九日来信今日收到。这几天在香港的生活，过得相当紧缩。奕荫街的房子也已让给潘公展居住，我有几夜不知道将宿在何处（在吴新民家住过一晚），现已住定六国［饭店］319室（大约还有

一两礼拜好住），同一位王朴〔璞〕合住。……我现在还剩100元US，我不知道前途如何，非好好地省吃俭用不可。[1]

这时夏济安住在六国饭店，身上只剩下一百美金。他本想在六国饭店"还有一两礼拜好住"，实际上他住了一个多月，6月22日才由此搬到思豪酒店。

6月19日，夏济安在致夏志清信中记下了对六国饭店的观感：

六国饭店

［1］王洞主编，季进编：《夏志清夏济安书信集》第1卷，浙江人民出版社2017年版，第326页。

六国并不贵族化，设备大约同"大中华"、"东方"相仿，四周环境亦同四马路云南路一带差不多，面对着海，相当于大中华对面的跑马厅，空气还不致太坏。香港的贵族化旅馆皆洋人所开，同上海的Palace、Cathay等相仿。六国的好处是service好，茶房都懂国语与沪语，吸收很多逃难人。六国饭店似乎比上海我所讲的那些饭店干净，常常大扫除，墙壁常常粉刷，电梯新近加了一层油漆。床上没有臭虫，奇怪的是香港这样一个半热带地方，竟然没有蚊子，晚上睡不用帐子。六国的住不好算贵，我的房是十四元三角一天，在外面住要出顶费，很不合算。我假如能有一千元一月收入，住旅馆亦吃得消。[1]

在这段文字中，夏济安透露了六国饭店的房价是"十四元三角一天"。我收藏的一张1949年1月13日六国饭店的账单显示，客人"史先生"在该店住了3天，房子

---

[1] 王洞主编、季进编：《夏志清夏济安书信集》第1卷，浙江人民出版社2017年版，第345—346页。

六国饭店的账单

"租银"是42.9元，每天的房价是14.3元，和夏济安说的房价一样，说明夏济安的记载是真实的。

从5月19日入住六国饭店，到6月3日，住了半个月，夏济安就支持不住了，他在给夏志清信中写道："六国开支的确不小，我们的账有时候汪先生付，他付不出时我付。我现在身边只剩卅元美金及数元港币，大约再能维持五六天，五六天后不知道要到哪里去住，这样情形，我的心境怎样会好？"[1]信中还写道："我现在这个家庭教师job，每月酬报一百元虽然只够我在六国三天开支（这个事不长，因为该初中生不久就要进暑期学校），但比国立大学教授已经好多了。"[2]这说明住饭店开支大，夏济安开始做家教了。

下面不妨大致替夏济安算算他在六国饭店的开销。

他说家教一百元只够"在六国三天开支"，3天的房费是42.9元，那3天的餐费和其他费用就是57.1元，平均每天大致是19元。按照这个标准就可大致算出他在六国饭店半个月的开销。入住时他有100元美元，半月后剩下30美元，半个月花了70美元。当时官价1美元换4元港币，黑市能换到6元港币。70美元按黑市换算，可得420元港币，去除房费214.5元和餐费等费用285.5元，结果还有80元的缺口。这说明这半个月他每天的餐费等

---

[1] 王洞主编，季进编：《夏志清夏济安书信集》第1卷，浙江人民出版社2017年版，第337页。

[2] 王洞主编，季进编：《夏志清夏济安书信集》第1卷，浙江人民出版社2017年版，第338—339页。

实际消费不到14元。

那剩下的30美元是否能维持五六天呢?

30美元按黑市换算,可得180元港币,除去6天房费85.8元,6天的餐费等费用(按每天14元计算)84元,最后剩10.2元,能支持6天。若餐费等费用按每天19元计算,就会有19.8元的缺口。这说明夏济安在六国饭店的餐费等费用大致是每天14元。

6月3日,剩下的30美元可支持6天,到6月9日就花光了。可见当时是非常窘迫的了。此前夏志清接到夏济安5月19日信后在28日给夏济安寄去50美元汇票,夏济安收到后因香港大通银行只肯出官价,1美元换4元港币,"吃亏太大",把汇票退了回去。在6月19日给夏志清信中希望他换一张"向纽约Chase Bank去领的支票",又说"我今天身边还有两百元HK.(一百元是汪先生那里拿来的,一百元是学生补习酬劳),可以用几天,请你放心。居然还住在六国,不久可能要搬出"。[1] 那6月9日至6月19日,夏济安是怎么度过的?向谁借钱呢? 6月19日信中

---

[1] 王洞主编,季进编:《夏志清夏济安书信集》第1卷,浙江人民出版社2017年版,第345页。

说身边还有两百元港币，"一百元是汪先生那里拿来的"，这个汪先生应即他公司的老板汪荣源。如果夏济安没向其他人借钱，那他从汪荣源那里拿的钱就不止这一百元，否则他很难在六国饭店度过那艰难的十天。

6月22日，他致信夏志清，说已从六国饭店搬到思豪酒店45号，因思豪酒店45号是他公司的写字间，能住人，"可以省一笔六国的房钱"。

6月30日，夏济安在思豪酒店门口偶遇宋奇。当时宋奇还没有在北角开星都招待所，否则夏济安就可住到星都了。

# 张爱玲住在英皇道什么地方？

世上张迷无数，但至今无人知道 1952 年张爱玲到香港后住在英皇道什么地方。近年出版的几种《张爱玲年谱》都笼统地说住在香港女青年会。其实这不只是后来张迷的闹心处，当时香港的小报记者对此也很闹心。1954年香港《上海日报》有三则关于张爱玲的消息：

6 月 8 日，女作家张爱玲自莅港后，深居浅出，行止极隐秘。

8 月 21 日，张爱玲性情孤僻，不喜与人来往。尝于其寓所楼口，以麻绳系一篾篮，上写字条，附钞票，向小贩购菜蔬杂物，矢口不吐一言，人以为哑巴。

10月31日，张爱玲在港住址秘密，行踪也十分秘密。[1]

8月21日既写到张爱玲在寓所楼口垂篮购物，就说明已知道她的住处，何以10月31日又说"住址秘密"？垂篮购物显系杜撰。

张爱玲在《对照记》中给兰心照相馆所拍照片作注时写道："1954年我住在香港英皇道，宋淇的太太文美陪我到街角的一家照相馆拍照。"张爱玲没写明住在英皇道什么地方，张迷们一直破不了这个案。淳子在《旗袍》中曾写道："为了省钱，张爱玲住在北角的女青年会。"[2]那北角的女青年会在哪里呢？

---

[1] 转引自宋以朗《宋家客厅：从钱锺书到张爱玲》，花城出版社2015年版，第192页。《上海日报》是二十世纪五十年代香港很流行的小报，有很多在港上海人的信息，具体创停刊时间不详。苏青等上海文人曾在该报发文。社长沈秋雁原在上海主持华东通讯社，抗战后到香港，创办报纸《香港人》，每周发刊两次，逢星期三、六出版。

[2] 淳子：《旗袍》，上海辞书出版社2013年版，第149页。

　　在撰写此书前，我依据香港老资料编成一个《香港北角英皇道行号名录（20世纪50年代）》。编写过程中，在1955年的香港电话号码簿上偶然发现了香港女青年会的信息：

　　　　基督教女青年会第二宿舍　　　英皇道四二九号

这应该就是张迷们苦苦追寻的答案。

　　先让我们从下面的《香港北角英皇道行号名录（20世纪50年代）》（局部）看看张爱玲居住的女青年会宿舍周边的环境情况。

　　从图上可知，张爱玲住所斜对面是上海鸿翔公司、上海首饰公司，西边不远是造寸时装公司，这些都是和上海有着千丝万缕联系的商家，鸿翔和造寸本是上海响当当的服装牌子，现在它们又出现在香港，出现在张爱玲住所周围，恰可说明张爱玲为何要住在女青年会宿舍了。

　　宋以朗《宋家客厅：从钱锺书到张爱玲》有这样一段话：“当时张爱玲住香港英皇道（因为她之前住在女青年会，渐为人知，她生平最怕这点，后在我家附近的一条横街租了一间斗室暂住），我母亲就带她到街角一

| 万象药行 安宁行 | 造寸时装公司 | 华国出版社 | 龙叶惠词 黑白时装公司 | 丽来行公司 海角公寓 | 海角有限公司 新新公司 | 华荣 | 聚源行 北角餐室 | 吉利贸易行 广兴隆 | 亨利士多 | 商务印书馆 香港印刷所 | 北角肉食公司 | 新华 | 基督教女青年会第二宿舍 | 正心中学 | 泰来 |
|---|---|---|---|---|---|---|---|---|---|---|---|---|---|---|---|
| 375 | 377 | 379 | 381 | 383 | 385 | 387 | 389 | 391 | 393 | 395 | 425 | 427 | 429 | 441 | 443 |

英　　　皇　　　道　　　　　　　　　　英　　　皇　　　道

| 皇后饭店 | 上海首饰公司 | 北光 | 马德立公司 | 亚洲石印局 | 光达行 宝盖火水服务站 | 明园大厦 | 上海鸿翔公司 | 都城戏院 | 永利 | 香港胶板厂 | 万国建筑材料公司 | 中实建业公司 | 伟林公司 | 怡兴 | 福兴 | 臻庭堂 | 英发隆 |
|---|---|---|---|---|---|---|---|---|---|---|---|---|---|---|---|---|---|
| 374 | 376 | 378 | 388 | 390 | 404 | 410—424 | 420—422 | 426 | 430 | 434 | 436 | 440 | 462 | 468 | 470 | 474 | 476 |

《香港北角英皇道行号名录(20世纪50年代)》(局部)

北角的兰心照相馆

家兰心照相馆拍照……"[1]英皇道429号现为安宁大厦，当年这里也是北角的中心，张爱玲住在这里"渐为人知"原很自然。宋以朗所说的"我家附近的一条横街"是北角继园街，张爱玲从女青年会搬到这里，一直住到离港赴美。

兰心照相馆原在英皇道338号，早已从北角消失，却因张爱玲那张照片青史留名了。下图约拍摄于20世纪60年代，图上右边四五六菜馆前"加林"招牌边就是兰心照相馆的招牌。

兰心照相馆对面是北角道，旁边是北景街，是个街角。从女青年会步行到这里也就五分钟路程。

当年上海就有一家兰心照相馆，英文名是Lyceum Studio。而上海以兰心命名的商家最有名的是兰心戏院，因它早已成为老上海集体记忆中难忘的一页，"兰心"慢慢就成了代表海派风情的一个元素。

上海的兰心照相馆位于福煦路544号，福煦路后改名为中正中路、延安中路，但兰心照相馆始终在544号。

---

[1] 宋以朗：《宋家客厅：从钱锺书到张爱玲》，花城出版社2015年版，第197页。

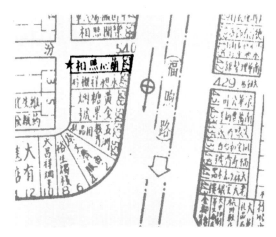

福煦路上的兰心照相馆(《上海市行号路图录》上册，福利营业股份有限公司1947年版）

香港兰心照相馆的英文名称是Lee's Studio，从英文名称看，它与上海的兰心照相馆并无传承关系，但为何中文名要取兰心呢？也许这家照相馆的主人也是上海移民，想借"兰心"这个上海元素来吸引北角的上海人。不管事实如何，"兰心"的牌子一出，自会引起英皇道上的上海人的注意，张爱玲就是其中之一。

# 北角再无黄宝熙

1949年后移居香港的江浙沪人士在香港有他们独特的社交圈，其中有一个顶级收藏家群体，这就是成立于1960年、在海外华人圈极负盛名的敏求精舍。敏求精舍是由胡仁牧、利荣森和陈光甫发起组织的收藏团体，早期会员很多是从内地移居香港的，其中有一位住在北角的黄宝熙，黄家客厅在当时也是很有名气的。

黄宝熙，广东中山人，早年肄业于巴黎大学，后长期供职于上海太古洋行。与庞薰琹、傅雷等人交情深厚。1948年由上海到港，先后在北角电照街、继园街居住。朱锦鸾《上海——香港：区域风格的流传与转化》这样介绍黄宝熙："宝熙先生祖籍中山，久居上海，能沪语，有吴门口音，盖其夫人乃出自姑苏望族也。来港后，出任英商太古洋行高职，业余钻研中国古籍书画，精鉴别，富收藏。"[1]黄宝熙夫人丁漱清是苏州人，从同居香江的海派画家顾青瑶学画。当时香港有一批从内地来的海派画家，他们和来自上海的收藏家一起把江南上流社会鉴藏和欣赏文物书画的习惯和品位带到了香港。

黄宝熙富收藏，喜绘画，在画家和收藏家两个圈子都有声望，因此黄家常是高朋满座。当时寓居北角的名伶章遏云曾在黄家唱义务戏，来宾济济一堂，每晚都去燕云楼吃夜宵，酣舞畅饮。章遏云在其自传中曾写到黄宝熙："已故黄宝熙先生是一位很有文学修养的人，平时爱书成癖，手不释卷。他在北角英皇道租了一层楼，专为堆置中外书籍之用，现在那些书也不知何往了？"[2]章遏云提及的这些藏书，其中的部分善本捐赠给了香港中文大学中国文化研究所。另据《香港爱国同胞黄宝熙向

<hr />

[1]本社编：《海派绘画研究文集》，上海书画出版社2001年版，第217页。

[2]章遏云：《章遏云自传》，台北大地出版社1985年版，第137页。

祖国赠送一万余册藏书》报道，黄宝熙去世后，家属尊嘱"将其所藏的一万余册中外文图书赠送给国家出版事业管理局。出版局已把这批书交中国大百科全书出版社收藏、使用"[1]。这则报道还写到这批赠书中还有一些闻所未闻的孤本。

黄宝熙的藏书楼名齐乐轩，应该就是章遏云所说的英皇道那一层楼，可惜不知具体位置。黄宝熙早年曾辑印《清代学术丛书》五种六十卷，来港后与钱穆、张大千、顾青瑶、饶宗颐等名家多有交往，1980年去世后渐沉入历史深处。

---

[1]《香港爱国同胞黄宝熙向祖国赠送一万余册藏书》，《人民日报》1980年3月13日。

# 金庸在北角崛起

1952年10月,《香港商报》创刊,其目标读者主要是商人,口号是"为商界代言,为商家服务"。《香港商报》的地址在北角英皇道499号,离张爱玲寓居的女青年会很近。

金庸在香港的崛起,开始主要依靠在《香港商报》连载武侠小说。虽然在这之前,他已在《新晚报》连载了《书剑恩仇录》,但真正让金庸获得巨大声誉,奠定他武侠小说家地位的是《香港商报》连载的《射雕英雄传》。严家炎在《我看金庸小说》中写道:

金庸从1957年在《香港商报》连载《射雕英雄传》开始，就引起了社会相当热烈的反响。香港作家倪匡先生评论说："《射雕英雄传》奠定了金庸武侠小说'巨匠'的地位，人们不再怀疑金庸能否写出大作品来。"连载过程中，人们争相传读，谈论郭靖、黄蓉如何如何。台湾学者夏济安很看好武侠小说，自己就想写，但读到《射雕英雄传》后，写信给人说："真命天子已经出现，我只好到扶余国去了。"那个时候在香港，可以说就兴起了"金庸热"。[1]

据说在《射雕英雄传》连载期间各种盗版书就出现了，这其实也是当时"金庸热"的一个表现。此处不探讨这部小说是如何热起来的，只是想从城市人文地理的角度说明，《射雕英雄传》问世于北角英皇道。

《射雕英雄传》最初由香港三育图书文具公司出版，

---

[1] 严家炎：《我看金庸小说》，《师道师说 严家炎卷》，东方出版社2016年版，第304页。

印刷公司是在位于北角马宝道64号的大千印刷公司。也就是说，《射雕英雄传》的连载本和单行本都是从北角传播出去的。有此地理之便，可以推知在《射雕英雄传》的第一批读者中有很多北角的读者。

《香港商报》连载《射雕英雄传》之前曾连载过金庸的《碧血剑》。傅国涌认为这部小说中"许多平民在乱世中流离的情节，无疑有金庸自己的人生经历、生命体验"，又对小说中的海岛新生活做了如下分析：

> 到1956年12月31日，《碧血剑》连载了整整一年，袁承志面对易代的大动荡、大变化，最终选择到南洋一个海岛开始新生活，有人说，这是对千千万万人逃入香港的隐喻。袁是从护送大炮进京的葡萄牙士兵那里得知有这个岛，他们给了他南洋岛屿的地图，"你们与其在这里辛辛苦苦地打仗，不如带了中国没饭吃的受苦百姓到那岛上去"。袁承志心想，你这外国人心地倒好，只是不知我们中国地有多大，亿万之众，凭你再大的岛也居住不下。这个情节出现在1956年9月5日那一段。当时许多香港人与袁承志有着相似的命运，小说中欧洲人帮

助这些流亡者找到这个岛，似乎也暗示了香港的处境。1945年二战结束时，香港不足60万人口，1949年前后，政局剧变之际，大批移民进入，到1950年春天人口已猛涨到230万。《碧血剑》的很多读者就是在这期间来香港的。[1]

《碧血剑》的很多读者就是在这期间来香港的。这个论断傅国涌引自韩倚松《浅谈金庸早期小说与五十年代的香港》（何鲤译，《明报月刊》1998年8月号）。北角当时是世界上人口密度最大的地区，聚集了很多从中国内地来的江浙和上海移民，被称为是"小上海"。《碧血剑》的很多读者应包括北角这批来自上海和江浙的读者，这些读者应该也是后来《射雕英雄传》的读者。这批和金庸同是内地移民的读者，特别是其中的上海移民读者对金庸小说的接受情况，目前还未见有专门的研究。但可以肯定的是，《碧血剑》的读者显然是认同小说中的乱世情怀、接受海岛是香港的隐喻的，有了

---

[1] 傅国涌：《金庸传》修订版，浙江人民出版社2013年版，第97—98页。

这个接受，才奠定了《射雕英雄传》风靡"小上海"，进而风靡港岛的社会心理基础。设若当时北角的人口很少，没有大批的江浙和上海移民，《射雕英雄传》还能一时风行起来吗？从传播学的角度看，《射雕英雄传》能够取得巨大成功，离不开当时读者的阅读，特别是北角读者的青睐。

《射雕英雄传》的成功，不仅使金庸有了进一步创作武侠小说的底气，也使他有了创办报纸的信心。1959年5月20日，金庸与沈宝新合资在香港尖沙咀创办《明报》，后该报迁至英皇道651号。金庸在北角因《射雕英雄传》而崛起，最终又回到这块福地办报，北角于他可谓前生有缘。

沈宝新，浙江湖州人，金庸初中三年级时的同班同学，毕业于浙江大学。抗战胜利后，在中国邮政、储汇局银行工作。1946年到香港，任嘉华印刷厂经理。嘉华印刷厂隶属于嘉华印刷有限公司，工厂在英皇道141号。

# 嘉华印刷厂走出两位名导演

　　英皇道141号是嘉华印刷有限公司的印刷厂，经理是1946年到香港的浙江湖州人沈宝新。据张晓辉《近代香港与内地华资联号研究》援引1948年5月21日香港《华商报》的资料称，这家印刷厂的总部在上海，但并未提及其创办人、创办时间等情况。

　　从20世纪50年代嘉华印刷有限公司广告可知，该公司营业部在大道中公主行206室，彩印部和铅印部在英皇道141号的印刷厂。

　　沈宝新是金庸初中时的同班同学，抗战胜利后在上海中国邮政、储汇局银行工作。后人提到他时，谈得最

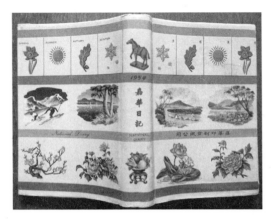

1954年嘉华印刷有限公司印制的嘉华日记本

　　多的是他和金庸合伙创办《明报》，其实他在嘉华印刷厂时接纳的两个小青年，日后都成为港台的名导演，也值得一提。

　　胡金铨（1932—1997），祖籍河北永年，1949年移居香港，后成为著名导演。当初他只身赴港，在嘉华印刷厂担任校对和管仓时还不满十八岁。当时厂里有一个大他两岁的宋存寿，二人志趣相投，经常结伴去看电影。

　　宋存寿（1930—2008），江苏江都人，早年肄业于扬州私立震旦中学高中部。据陈飞宝《台湾电影史话》称，宋存寿1945年到上海，后随其三姐去香港，在香港文化专科夜校新闻科学习。当时他大哥宋静斋在嘉华印刷厂当会计主任，安排他进厂当助手。[1]

李翰祥在《三十年细说从头》中记载了胡金铨和宋存寿交往的情况：

> 有一天，看见嘉华印刷公司招校对和管仓，他没头苍蝇似的撞了上去。结果还被录取了，因此认识了在嘉华工作的宋敬斋，也认识了宋敬斋的兄弟宋存寿。当时小宋也是校对，也兼差，不过兼的不是管仓而是管账。金铨是学理科的，数学也不错，不过管仓可不怎么样，还尽出毛病，小宋呲着小虎牙老笑嘻嘻地帮他忙，所以两人成了莫逆。[2]

胡金铨当时是只身闯天涯，宋存寿则显然是投奔哥哥宋静斋。如果没在嘉华印刷厂遇到胡金铨，宋存寿也许就按照大哥的安排在印刷厂干下去了，未必会走上导

---

[1] 陈飞宝编著：《台湾电影史话》修订版，中国电影出版社2008年版，第176页。

[2] 李翰祥：《三十年细说从头》上册，北京联合出版公司2017年版，第198页。

演之路，然而乱世的遇合正悄悄改变着宋存寿的人生。1951年胡金铨离开嘉华印刷厂到龙马电影公司担任美工，介绍宋存寿认识了导演李翰祥。1955年经胡金铨、李翰祥介绍，宋存寿到罗维的四维影片公司担任编剧，次年转入邵氏电影公司，开始走上编剧和导演之路。1963年李翰祥脱离邵氏，到台湾自组国联电影公司，宋存寿到台湾加入国联，开始在台湾做导演，先后拍摄了《破晓时分》《庭院深深》《窗外》电影，享誉华语影坛。更为影迷津津乐道的是宋存寿慧眼识人，提携了林青霞、秦汉、陈秋霞等人，开启了他们的明星之路。

嘉华印刷厂在胡金铨和宋存寿的人生中只是一个小小的驿站，研究他们的论著很少关注这段生活，但作为曾经的北角青年，他们在嘉华印刷厂的日常生活也能映照出那一代年轻移民的生活侧影。今天我们谈论北角移民史，谈论作为"小上海"的北角，不应只看到老上海人在北角的生活，而忽视像胡金铨、宋存寿这样的北角青年的移民生活。也就是说，"小上海"对于成年的上海移民而言，是在异乡重构的家乡，他们只是尽力延续上海式的生活，可对于胡金铨、宋存寿这些北角青年而言，"小上海"却有着生活启蒙的意义，至少英皇道的上海风情和他们在此看电影的经历改变了他们的生活。显然，北角作为"小上海"不仅是文化重构的基地，也是文化启蒙的场域，可惜后来人多把文化重构解读为怀旧，忘却了它曾是文化启蒙的场域，影响和再造了胡金铨、宋存寿以及比他们还要小的一代北角人。

# 北角的"海角钟声"

1949年后很多国民党军政要员从内地移居香港，其中王云五、马鸿逵、熊式辉等人居住在北角。香港学者苏庆彬在《飞鸿踏雪泥：从香港沦陷到新亚书院的岁月》中曾写到熊式辉在北角的豪宅：

> 沿着一条斜坡，步行约十多分钟，便到达一个小山丘，这里环境幽雅清静，在我们学校旁边，有一座颇为豪华的大宅，四周有高高的围墙。屋内养有几只大恶犬，听闻人声，便大声吠过不停，使人生畏。
>
> 屋外经常有人在大闸门前徘徊，都是男子汉，

当中还有穿着破旧的军服，不时的叫喊，说的多是夹杂方言的国语。那时候我听不懂普通话，不知他们在说甚么？只觉得像吵骂声，有人拿着石块向屋内掷去，发出玻璃碎片的声响。他们久候不见有人，悻悻然离去。

起初，我不知道是甚么一回事，这种情况屡见不鲜。有一天在报章上，看见一则新闻，说以前在东北主持接收日军投降的那位将军熊式辉，是住在北角山上某座豪宅，我才恍然大悟，原来这座豪宅主人，是一位显赫人物。

……

熊式辉住宅受到流亡人士的骚扰，大概是他昔日的旧部，认为他在此作寓公，有豪奢享受，而旧部却流落街头，希望能获得一点救济，在失望之余，才作出粗暴行为，作为泄愤。当时的流亡军人，尚能沉得住气，不致冲门而入，只在四周喧哗叫嚣而止，算是相当抑制的了。[1]

---

[1] 苏庆彬：《飞鸿踏雪泥：从香港沦陷到新亚书院的岁月》，香港中华书局2018年版，第159—160页。

　　这座"四周有高高的围墙"的豪宅坐落在在北角炮台山道中安台。在这座曾遭受旧部骚扰的豪宅内，熊式辉居然创办过一个"海角钟声"诗社，每周与友人雅集打诗钟。

　　关于这个诗社的情况，杨仲子在《熊式辉在香港的一段寓公生活》中这样写道：

　　　　1950年大陆逃港的国民党权贵因排遣时日，或出于兴趣，有了朋友圈子的，不拘形式的结合，每星期吃一次饭，打一次牌，以及面对新形势作未来安排等，其中有一个结合是以诗社形式出现，名为《海角钟声》。顾名思义，"海角"即指香港，"钟声"的"钟"字是指诗钟，即旧体诗中的对对子，指定两个字，分别嵌入七言诗的两句中，两句又要成一对，是作诗的技术与游戏，盛行清末民初。熊式辉的旧学有点根底，对诗词也颇爱好，于是在"饱食终日无所用心"之时便发起组织《海角钟声》诗社，集会的地点就在熊的住宅——英皇道炮台山道的中安台。

　　　　《海角钟声》诗社每星期集会一次，共午餐，诗社社员多为原国民党的达官显贵和名流学者,其中有曾任国民党中宣部长的梁寒操,曾任贵州省主席的吴鼎昌,曾任主计长的陈其采,曾任内政部次长的张维翰,曾任总统府局长的陈方,曾任浙江省民政厅长的阮毅成,曾任江西省参议会副议长的王有兰,以及青年党领袖左舜生和易君左、马彬、郑天健等。《海角钟声》诗社的集会的主要时间只有1950年到1951年两年,余韵则持续了数年,编行了两本诗集,第一集出版于1950年,由陈其采作序;第二集编印于次年,由郑天健作序。[1]

郑天健作序的《海角钟声》第二集尚未看到,因第一集的内容都是诗钟,可以初步判断"海角钟声"并不是诗社,而是诗钟社。陈其采《海角钟声·序》写道:

岁庚寅之夏,访旧九龙,与姚江阮君思宁遇,

---

[1] 杨仲子:《熊式辉在香港的一段寓公生活》,中国人民政治协商会议江西省委员会文史资料研究委员会等编《江西文史资料选辑·人物纪略》第20辑,1986年,第120页。

承以年来避嚣港九，如何消遣为问，答曰："结习未忘，日以温书作字自娱，他无所事。"阮君告以近与同好结有文会，星六一聚，盍往观乎？越日偕往，则新知旧识，相见甚欢，各出前期诗钟，琳琅满目，心神为之一快。清樽既湛，谭艺多门，盖已偶乎自远矣。如是者累月不疲，亦一乐也。华阳吴先生前溪，雅音迭奏，逸兴方高，不意偶撄小极，遽归道山，邈矣风徽，同深惋悼。兹者积稿既多，都为一集，颜之曰海角钟声。同人以涵庐年事稍长，推为序言，固辞不获，勉书数语，以笃丽泽盍簪之义云尔。一九五〇年十月一日吴兴陈涵庐识于香港。

由此可见"海角钟声"诗社就是诗钟社。

吴兴陈涵庐，即陈其采。陈其采（1880—1954），字蔼士，号涵庐，浙江吴兴人，陈其美胞弟。曾任浙江省政府财政厅厅长、江苏省财政厅厅长、国民政府委员等职。1949年移居香港，后赴台湾。著有《涵庐诗草》。从序言看，他是经姚江阮思宁介绍加入诗钟社的。阮思宁，即阮毅成（1904—1988），字思宁，浙江余姚人。历任中央大学教授、金陵女子大学教授、中央政治学校

《海角钟声》第一集

教授。1937年起投身政界，历任浙江金华行政督察专员、国民参政会秘书等职。1950年冬，与王云五、卜少夫、程沧波、陈训念、陶百川、左舜生、徐复观、刘百闵、雷啸岑、许孝炎等在港筹办《自由人》三日刊。后去台湾。

序言中提到的"华阳吴先生前溪"，是吴鼎昌（1884－1950），字达诠，别署前溪，原籍浙江吴兴，生于四川达县。早年任大公报社长。1948年任总统府秘书长。1949年去香港，1950年8月22日在香港病逝。

《熊式辉在香港的一段寓公生活》提及的其他社员的

情况如下：

熊式辉（1893—1974），字天翼，号雪松主人，江西安义县人。陆军二级上将。抗战胜利后，任军事委员会东北行辕主。1947年被解职，赋闲上海。1949年移居香港。著有《海桑集》《雪松吟草》。

梁寒操（1899—1975），原名翰藻，号均默，广东高要人。1949年移居香港，在培正中学、新亚书院任教。

张维翰（1886—1979），字季勋，号莼沤，云南大关人。1946年后任云贵监察使、国民大会代表。1949年受聘于香港新亚书院，次年赴台。著有《莼沤类稿》。

陈方（1897—1962），字芷町，江西石城人。曾任蒋的侍从室二处少将组组长、中央监察委员。1949年去香港。

王有兰（1887—1967），字孟迪，江西兴国人。曾任江西省临时参议会副议长。1949年移居香港，后去台湾。

左舜生（1893—1969），湖南长沙人。1949年移居香港，先后在香港新亚学院、清华书院任教。

易君左（1899—1972），号意园，湖南汉寿人。1949年先到台湾，后移居香港。1952年在港创办《新希望》

周刊。还曾任珠海学院教授等职。

马彬，即南宫搏（1924—1983），浙江余姚人。历任《扫荡报》编辑、重庆《和平日报》编辑主任、上海《和平时报》总编辑。1949年移居香港，曾主持南天出版社。

郑天健（1900—1975），号水心，广东香山人。历任香港《大公报》主笔，湖南《民国日报》社长，广东省地政局局长、中山县县长等。1949年定居香港，任香江书院、德明书院、新亚书院、香港中文大学联合书院教授。著有《水心楼诗草》《水心楼词》。

从《海角钟声》第一集中的诗钟署名看，其社员还有"潜庵""凤坡""病鹤""淑珍"等人。"潜庵"或即温克刚。温克刚（1896—1957），号潜庵，广东大埔人。历任安徽省保安处处长、军事参议院少将参议、湖南货物税局副局长等职。1949年赴香港九龙寓居，1955年移居台湾。"凤坡"可能是李景康。李景康（1892—1960），字凤坡，广东南海人，曾任香港官立汉文中学校长。1942年避居澳门。抗战胜利后回香港，参加硕果诗社。著有《披云楼诗草》。"病鹤""淑珍"，不详。

"海角钟声"诗钟社长期被认为是一个在港国民党军政要员通过作诗钟打发日子的小团体。从《海角钟声》第一集的内容看，他们的诗钟水准虽参差不齐，但态度还算端正，在诗钟创作上也有自家的追求，如《海角钟声》之《诗钟凡例》论"风格"云："诗钟虽定律谨严，但句法仍须有诗句之风格声调者，方为正宗，否则仅如一副对联，纵极典雅，仍与诗钟名义不符，惟粤派每有此种流弊，以大致而论，不若闽派之风华典则，两兼之者也。"诗钟起源于清道光年间，一般认为兴起于福建，流行于闽粤，后传至京师三吴，渐至南北各地，形成粤、闽两派，闽派重空灵，粤派重典实。显然"海角钟声"社社员在诗钟风格上更认同闽派。

"海角钟声"社社员多曾是国民党军政要员，他们所作诗钟常有天涯沦落之感：

人、鸟　凤顶格

人思兴汉开前路

鸟欲归巢失旧林　　思宁


醉、吟　燕颔格

独醉浑忘乱离里

同吟相慰寂寥中　　雪松

薄醉消愁同避世

闲吟得句每惊人　病鹤


去、行　蜂腰格

国何忍去悲多难

道不能行怅远游　芷汀


青、山　魁斗格

青灯长夜怜孤岛

白袷新春忆故山　雪松


这种情况在香港诗钟史上是很特别的。然而生活不可能天天伤感天涯沦落，流寓生活也还要面对现实，因此这批北角流人也在用诗钟关注着当时的生活。


港九过海轮渡　太平山　分咏格

火船来去尖沙咀

铁索循环隔水塘　（缆车经太平山腰隔水塘）　雪松

趁航过往人如鲫

面壁飞升客似仙　病鹤


辘轳心系三千尺

名利船争十万人　淑珍


这些诗钟反映了50年代港九轮渡"人如鲫"的情况，而在这"名利船争十万人"中就有很多上海人。据1955年司明在香港《新生晚报》发表的《对轮渡的贡献》记载，"上海人对轮渡最有贡献。南来之初，以轮渡为消遣，尤爱在维多利亚海峡中欣赏夜香港的神秘，其时，太平山山顶颇似盛装赴晚宴的贵妇，满头珠翠"。该文又写道："几年下来，一部分上海人不坐'写字楼'而到处'接洽'着，希望尽济于马票中奖的生意，赶来赶去，大渡其海，则为稻粱谋耳！"[1]这些上海人中自然不乏来往于北角的上海人。

---

[1] 熊志琴编：《异乡猛步——司明专栏选》，香港天地图书有限公司2011年版，第61页。

《海角钟声》有一个"中安台 碎锦格",可谓是熊式辉中安台主客心影的自然投射,于今也可算得是中安台的掌故资料了。

中兴定可安磐石
大隐宁容入钓台 　病鹤

国中那有安居处
海外今成避债台 　病鹤

海岛偏安存正统
台湾大业在中兴 　思宁

天台遥忆烟云外
海岛偷安醉梦中 　雪松

中环北角英皇道
安泰西湾学士台 　树声

北角英皇道都被写进了诗钟,就颇有时代特色了。

　　1954年熊式辉离港入台前，"海角钟声"社社员在英皇道310号云华酒店附属的云华酒楼为他举行了最后一次诗钟会，以"云、华"一唱作诗钟，熊式辉即席所作诗钟云：

　　　　云梦已吞宁芥蒂
　　　　华严初悟即菩提

似已心无芥蒂，自性清净，遥闻古寺钟声了，岂料晚途艰虞，落寞而终。

# 北角的上海舞女

1952年10月，李裁法在北角丽池夜总会举办"香港小姐"选举，这是1949年这项活动停止后首次恢复选"香港小姐"，当时的舞厅乐队、舞女大部分来自上海。这是上海舞女第一次大规模到北角，但20世纪三四十年代上海舞女也时常到香港来，她们的生活状态是忽沪忽港，只是那时还没有丽池夜总会，她们多在六国饭店等处谋生。40年代后期，大批上海舞女随着移民潮来到香港，依旧在她们熟悉的饭店和舞厅过活。

1949年5月19日，夏济安在致夏志清信中写道：

　　我住的六国饭店中住有舞女很多，其中有上海的"舞后"管敏莉。上海的"名件"来港者颇多，有一夜我在漂泊中到一家泰云酒店（The Tavern）开房间，发现一房内有一美女，在登记簿上该屋是王文兰（绰号"至尊宝"）及周兰两人所有。舞女的开支大，据说对于客人很迁就，以谋开源，sex是开放的，不比在上海还有一点架子及种种delicacies，pretences。[1]

　　当时有两家泰云酒店，一家在湾仔轩尼诗道16号，一家在北角英皇道327号，夏济安没有说明是哪一家。当时北角西有天宫舞厅，东有丽池夜总会，都是上海舞女喜欢去的地方。据司明《周末忆丽池花园》记载："'丽池'全盛时代，今夜头等上海舞女万一无像样的舞客请她们上'丽池'与较后开设的'天宫'，那么自己

--------

　　[1]王洞主编，季进编：《夏志清夏济安书信集》第1卷，浙江人民出版社2017年版，第327页。

找真正的男朋友去两处玩……"[1]夏济安去泰云酒店时正是丽池的全盛时代，而英皇道泰云酒店正好位于天宫舞厅和丽池夜总会之间，上海舞女住在这里更便于在两处游走，因此夏济安去的泰云酒店很可能就是英皇道泰云酒店。

《夏志清夏济安书信集》给夏济安信中提及的管敏莉加了注释：

> 1946年春末，江淮平原遭遇特大水灾，300万灾民流离失所，其中数十万苏北难民涌入上海。上海"苏北难民救济会上海市筹募委员会"发起"上海小姐"选美比赛以助赈灾民。管敏莉在此次比赛中获"舞星皇后"称号。[2]

管敏莉是江苏无锡人，当时获得的称号是"舞国皇后"，不是"舞星皇后"。

---

[1]原载1960年7月2日香港《新生晚报》，转引自熊志琴编《异乡猛步——司明专栏选》，香港天地图书有限公司2011年版，第178页。

[2]王洞主编，季进：《夏志清夏济安书信集》第1卷，浙江人民出版社2017年版，第327页。

管敏莉此前就是六国饭店的常客，是忽沪忽港的上海舞女的代表。刘郎《管敏莉香岛归鸿》摘录了管敏莉在香港写给上海友人的信，其中有这样一段话："我住在六国饭店，此地的生活比上海要减低一倍，什么多便宜……我

管敏莉

在二十五日进舞场，所有的花蓝，台子，舞票，在此地是打破纪录了。不过从前许多熟人，他们现在都不出来，而住在旅馆里，开支是很大的，因此我想早点回上海。"[1]可见上海舞女老早就在香港有号召力了，当时管敏莉去香港就是明星走穴，谁知几年后竟要在走穴之地讨生活。

夏济安信中提及的"至尊宝"在上海很有名气。据牛郎《"至尊宝"王文兰小传》称，王文兰原名周红宝，江苏昆山人，幼年父母双亡，15岁被卖到厦门妓院，抗

---

[1] 刘郎：《管敏莉香岛归鸿》，《海风》1946年第31期。

王文兰

战时期随老鸨到香港，在中华舞厅伴舞，改名徐雪莉。后被人赎出，带往重庆，辗转至上海舞厅，改名王文兰，逐渐成为舞国"至尊宝"。[1]可见王文兰早年就在香港舞厅伴舞。此处提到的中华舞厅在皇后大道中62号（中华百货公司五楼），50年代它的舞女宿舍在北角中安台1号。舞女住旅馆开支大，给她们安排宿舍，肯定会受欢迎，特别是那些从上海到北角的舞女。

司明《像上海的地方》写到了铜锣湾的情况：

铜锣湾附近渣甸街口，这地方也神似上海市区中静安寺路斜桥弄口。我是指加美舞厅所在地的楼宇之建筑与附近的街景，渣甸街的"内容"却不能与斜桥弄的幽穆比。十多年前斜桥弄里那家曾叫过

---

"圣爱娜"与"卡乐"的舞厅，此中舞女有的仍在
"加美"伴舞，我想到就惨。[1]

上海人把北角变成"小上海"后就逐渐向西扩展，
司明说1955年铜锣湾亦多"阿拉同乡了"。虽然此地
"内容"还不能与上海相比，但毕竟"同乡"多了，这同
乡中就包括铜锣湾的上海舞女，她们是"小上海"西移
的一个标志。

司明提到的"加美"，是怡和街2号加美舞厅，就
在铜锣湾附近渣甸街口。

司明提及的"圣爱娜"与"卡乐"在上海也很有名。
"圣爱娜""卡乐"的舞女流落在"加美"，是同客天涯的
上海老舞客不忍看到的，但正是这些舞女把海派舞厅文
化带到了香港。

当年北角的上海舞女还有到香港后才下海的"四八
佳人"。司明《食肉之徒》称，"上海舞女什之八九系

[1]原载1956年5月2日香港《新生晚报》，转引自熊志琴编《异
乡猛步——司明专栏选》，香港天地图书有限公司2011年版，第85—
86页。

加美舞厅（图左）

20世纪40年代卡乐舞厅广告

五六年前来的，上海人里很少让他那年青的妹妹与女儿
在香港开始伴舞，太太或姨太太开始在香港下海的倒不
在少数"。因那时"上海男人在香港，单身汉居多，饮
食之外自有男女的需要"。"许多著名的'海派红星'都
是'四八佳人'，她们还有些'名女人'作风，供上海
舞客作灵的需要。他们从大舞场里把她们带往'丽池'
与云□大楼，她们的衣饰与风度也装饰了她们，而使他
们精神上感到愉快。"[1]

---

[1] 原载1955年11月2日香港《新生晚报》，转引自熊志琴编《异
乡猛步——司明专栏选》，香港天地图书有限公司2011年版，第73页。

# "上海小姐"或隐身北角

1946年春末淮河泛滥，江苏北部遭受水灾，大批灾民逃到上海。为了安置数以万计的灾民，杜月笙主持的苏北难民救济协会上海市筹募委员会决定举办赈灾义选，选举"上海小姐"，以销售投票券和入场券的方式募集救济资金。8月20日，在新仙林舞厅举行选举大会，选举结果，王韵梅获得"上海小姐"冠军，谢家骅、刘德明分获第二、三名"上海小姐"。

当时谢家骅的呼声很高，因她长得漂亮，毕业于复旦大学，父亲是上海化工原料大亨谢葆生，是海上名媛，符合一般人心目中理想的"上海小姐"形象。可是选前被看好的谢家骅竟被一个没有名气的王韵梅击败，引发了社会热议。

　　袁念琪在《上海：穿越时代横马路》中写道："听大人们说王韵梅的夺冠是靠王晓籁，但我看到的资料，都说她是四川军阀范绍曾的女朋友，是范帮的忙。范某一是找了本次活动的发起人，也是幕后的操纵者杜月笙，二是投入了七千多块银洋买选票。"[1] 钟峰在《杜月笙大传》中写道："更让谢家骅痛苦的是，她的对手王韵梅只是一个舞女。但这名舞女的来头也不小，她是军阀范绍增的二房姨太太，为了支持王韵梅参选，范绍增扔了不少银子。难怪后来有上海报纸挖苦说这次选出来的不是'上海小姐'，而是'上海太太'。只是，王韵梅的下场也并不好——1949年范绍增逃往香港时抛弃了她。"[2]

　　这两本书都倾向于认为范绍增勾结杜月笙暗中使钱，把王韵梅送上了冠军宝座。一般研究"上海小姐"选举的论著也都这么认为，但王韵梅获得冠军后并没红起来，

---

　　[1] 袁念琪：《上海：穿越时代横马路》，上海教育出版社2004年版，第240页。

　　[2] 钟峰：《杜月笙大传》，金城出版社2011年版，第302页。

她和范绍增的生活也没有被追捧，与谢家骅相比，她比较低调。

王韵梅，浙江绍兴人，原名王国花，早年到过青岛、北平。后在上海仙乐斯舞厅当过舞女。她的生平似乎除了与军阀范绍增有关，就没什么可说的了。其实她和王晓籁、杜月笙的关系都值得研究。袁念琪在《上海：穿越时代横马路》中说"听大人们说王韵梅的夺冠是靠王晓籁"。《中国最早的选美活动》说王韵梅和上海商界大佬王晓籁非常熟悉。[1] 这说明王韵梅和她的绍兴同乡王晓籁的关系并不一般。

王韵梅和杜月笙的关系，可能更多的是她和杜家女儿的关系。据《苏北难民救济协会上海市筹募委员会总报告》记载，8月20日选举当天，"王韵梅坐在一家开麦拉下，与二位杜小姐及五六位闺中腻友围在一桌"。[2] "二位杜小姐"指的是杜月笙的两个女儿。说明王韵梅和她们关系不错。当时《上海特写》1946年第10期刊有《杜

---

[1]《中国最早的选美活动》，韦光、钟子编《情爱婚俗大观》，陕西旅游出版社1995年版，第291页。

[2] 苏北难民救济协会上海市筹募委员会编：《苏北难民救济协会上海市筹募委员会总报告》，1946年。

氏双千金参加上海小姐竞选》，称杜月笙的两个女儿
"最有希望"，实际上她们并没有参加。

这些年"上海小姐"的归宿常被人提及。刘德明一
直在上海从事律师工作。谢家骅1952年移居香港，1972
年病逝。谢家骅是否在北角生活过，还不清楚。倒是
1955年香港电话簿上记录着住在堡垒街25号的王韵梅的
电话。

说到王韵梅的归宿，大都是说不知所终。钟峰《杜
月笙大传》说"王韵梅的下场也并不好——1949年范绍
增逃往香港时抛弃了她"。但到底是什么下场，钟峰也
没说清。江上行《上海滩两次选美》称王韵梅后来侨居
海外。[1]虽然江上行也没说清具体归宿，但"侨居海外"
这个信息值得关注。

先看看和她来往较多的人的情况。范绍增最后留在
了内地，此前他曾把太太送到香港，是否像钟峰所说的
逃港时抛弃了王韵梅，还不清楚。王晓籁1949年春去香
港，后又返回内地。杜月笙二儿女杜美霞后来移居香港，
和杜月笙的儿子杜维恒、杜维新都住在渣华街。

---

[1] 江上行:《上海滩两次选美》,《上海滩》1993年第7期。

渣华街和堡垒街是北角地区上海移民聚居的地方，"上海小姐"王韵梅的朋友杜美霞住在离堡垒街很近的渣华街，杜月笙的儿子杜维屏也住在堡垒街。由此可做出一个初步判断：住在堡垒街25号的王韵梅极有可能就是"上海小姐"王韵梅。她能到香港，或许不是被范绍增抛弃，而是范托王晓籁和杜月笙将她带到香港，安排在杜家儿女聚居的北角。

王韵梅在获得"上海小姐"桂冠后基本是深居简出，并不显山露水，到香港后也未引起人们的注意，否则她的行踪早就被人发觉了。那她在香港如何生活，是否又移居他处，只好待知情者来解答了。

# 楚珍与兰珍

## ——旭和大厦崩塌后的上海故事

1972年6月18日，香港半山区旭和大厦被暴雨冲毁。

《香港全纪录》中的《豪雨引致山崩楼塌 六一八酿空前惨剧》写道：

16日至18日，香港暴雨如泻，每日雨量均超过200毫米。16日与17日风狂雨骤一刻不停，18日又是整天暴雨，引起山崩。高150英尺、阔数百英尺的山泥，排山倒海而下，顷刻之间压塌了观塘鸡寮临时安置区78间木屋，活埋近200人。港岛半山区也发生山崩，山洪夹泥猛冲而下，宝珊道一车房先被冲塌，塌

被暴雨冲毁的旭和大厦

下撞倒旭和道4层洋房，再拦腰撞塌12层高的旭和大厦。100多人被埋在泥土和瓦砾之中。事发时声如巨雷，事发后现场一片漆黑，只闻受伤者凄惨的呼救声。消防队、驻港英军、工务局人员及医生护士密切配合，发掘半山、观塘两个灾区，救死扶伤，安置流离失所者。各社团联合组成委员会展开筹款赈灾活动。中国红十字会也向香港红十字会捐款人民币200万元，帮助香港受灾同胞克服暂时困难。据事后统计，雨灾共造成150多人死亡，110多人受伤，5000多人无家可归，实为香港有史以来伤亡数字最大的惨剧。[1]

在这场惨剧中死亡的150多人中，有一位名叫陆楚珍的上海人。在她遇难后，家住北角孔雀道28号4楼的孙兰珍及时去陆楚珍生前工作的华南漂染厂联系处理后事。在取得初步进展后，她致信上海陆家，希望他们派人来港处理后事。7月25日，孙兰珍寄信给陆传毅。7月30日，陆家收信后在信封背面写着：1972.7.30收到。

信中写道：

传毅、传芳弟弟：

17日才收到你们7日寄来的挂号信，得悉一一。关于6月18日旭和大厦塌楼事，因香港经连续数天大雨，以致山泥倾泻，冲撞大厦，使整座大厦在几分钟内，好似积木一样，坍塌成一片颓垣瓦砾，整幢大厦化为乌有，大厦住客都被埋在地下，只有极

---

[1]陈昕、郭志坤主编：《香港全纪录》第2卷，上海人民出版社1997年版，第148页。

孙兰珍致陆传毅实寄封

少数人被救出，这真是件极大的惨事。因该大厦是钢骨水泥建成的，怎会遭此大难！现蒋先生一家三口的尸体，已早掘出，但楚珍的尸体，在今天刚掘出（该大厦尚有好些人失踪，未发掘出来）。

为楚珍身后料理及抚恤事，我最近曾亲自去见华南漂染厂有限公司的最高负责人，该公司已同意为楚珍办理后事，费用由该公司负担。对于抚恤金事，该公司最高负责人云：该公司过去并无此项规定，但对于我的要求，同意将由董事会开会讨论后再作决定。我已代表楚珍家属向该公司致以谢意。

现据该公司告称，楚珍在公司内账目清楚，并无拖欠公司任何款项，她也未买过人寿保险，但楚珍平时为人热心，乐于助人，他们公司职员如存款在该公司，利息较优，所以她的有些朋友将她们的钱用楚珍的名义，存放在该公司，以博取较高的利息，现由于突然发生此次事故，楚珍的朋友恐怕拿不到钱，现已告到这里法院去了。故关于楚珍遗物问题，恐要拖延一个时期，方可解决。

我现在年龄已大了，身体又不好，并在工作，平时很忙，所以关于楚珍身后未了事宜，我可协助，但不能作为楚珍家属的代表人，请见谅。最好由你们家人派一代表来港办理，因为在香港，很多事都要按法律步骤处理，如一时未能来港，则应另请其他人办理。因楚珍无遗嘱，所以问题更多，并时间也一定托得较长，非短期内可以解决。

关于这次塌屋事件，现香港政府正在进行调查中。

关于楚珍不幸事，你们最好有机会慢慢告知伯母。

……

　　　　　　　　　　　　　　兰珍

　　　　　　　　　　1972.7.23

华南漂染厂有限公司，1950年由安子介等人创办。公司地址在皇后大道中37号1007至1009室。1995年该厂停产结束。周鸣山曾任该公司董事长。周鸣山，浙江鄞县（今宁波市鄞州区）人。早年在上海大兴染织厂及天一染织厂当学徒，后升为车间会计。1949年初去香港。孙兰珍去找的"该公司最高负责人"或即周鸣山。

那孙兰珍是什么人呢？

20世纪30年代有一位上海名媛孙兰珍，是孙良骥的女公子，"中西文学造诣甚深"，1941年毕业于上海清心女校高中部。

陆传榖，生平不详。陆传芳，1926年出生于上海，1950年肄业于东吴大学法学院法律系。后在上海自由论坛报社、中国基督教灵粮世界布道会出版部、上海市印刷六厂等处工作。2019年11月在上海去世，生前是上海静安区怀恩堂长老、上海基督教教务委员会副主席。1943年他由在清心女中读书的姐姐介绍开始信奉基督教，并于1943年5月在上海灵粮堂受洗。

陆传芳在清心女中读书的姐姐可能就是在港遇难的陆楚珍。上海名媛孙兰珍和陆楚珍同是清心女中学生，从前述资料看，她们在该校学习的时间可能有交集，也就是说她们最晚在清心女中时就认识，到陆楚珍遇难时她们已是三十多年的老友。综上所述，不难得出这样的判断：给陆传毂、陆传芳兄弟写信的孙兰珍就是当日海上名媛孙兰珍。

孙兰珍照片（上海《中华》1932年第9期）

孙兰珍与陆楚珍何时到香港，她们在香港还有怎样的故事，孙兰珍在哪里工作，此后还有怎样的人生，现在都不清楚，也许终究还是个谜。但这样勾连沪港两地的故事，既是普通人的故事，也是深镂时代烙印的故事，更是了解沪港双城历史不能忽视的微故事。缺少了这样的故事，那个特殊时代下数万上海移民的生活史就容易被正史一笔带过，曾经的血泪只能被时光深埋。就如北角后来被称为"小福建"，人们逐渐忘记了这里曾是"小上海"，仿佛这里并没有来过大批的上海人，因为他们早已被历史的暴雨冲走。好在历史的暴雨并不能冲毁一切，隔世的故事还在顽强地延续。

# 水月美梦　终断人肠

## ——北角的沪港情事（一）

　　偶然淘到三张20世纪60年代香港寄上海的圣诞卡，寄信人是住在香港北角电器道272号的朱先生，收信人是住在上海市金陵中路建安里2号的何女士。

　　朱先生在贺卡中用月珍称呼何女士，抬头写着：月珍知友、月珍留念。

　　1962年的圣诞卡上有一首七律：

　　　　高山流水余知音，曾寄相思卜算吟。

　　　　日日悲秋水月梦，年年恨别伤春心。

　　　　白云长锁关山情，青鸟动怜传故声。

闻道多愁又多病，更增苦忧到如今。

1964年的圣诞卡上有一首词《诉衷情》：

西风渐紧见轻霜，天际远山长。心头多少离恨，愁难禁，空思量。

相思苦，悲流光，长自伤。少年往事，水月美梦，终断人肠。

1965年的圣诞卡只有一半了，上面写着：

月珍：

恭祝圣诞快乐

被撕去的另一半是否也像以前一样会有诗词，不得而知。

前面两首诗词中都有"水月梦"，这是他们二人的秘密。《诉衷情》末句："少年往事，水月美梦，终断人肠。"显然"水月美梦"是少年共有，如今沪港隔绝，无法团聚，除了以信传情，只有"悲流光，长自伤"，月珍留念：

西风渐紧见秋霜　天涯远山长
心头多少离恨　愁难解　空思量
想思苦　悲流光　长自伤
少年往事　水月美梦　终断人肠
調寄诉衷情

圣诞卡上的《诉衷情》

一场情事，终断人肠。

这样的哀情故事如何开始如何结束，都不知道。既有缘淘得贺卡，就不应再将其埋没，60年代距今不远，姑隐其名，聊传其事。

# 看我们写了多少信后才能团圆

## ——北角的沪港情事（二）

　　我藏有两封20世纪60年代香港寄上海的老信，寄信人是住在香港北角堡垒街36号3楼的崔先生，收信人是住在上海陕西南路271弄恒平里8号的张女士。从通信内容看，二人是一对恋人，崔先到香港，张在上海。通信是有编号的，我收藏的是第4号和第28号。这两封信能反映出60年代沪港两地恋人渴望团聚的心情，也能折射出当时香港生活的情况，故择要抄录于下：

　　第4号信写于1962年8月12日，信中有这样的内容：

沪港通信实寄封

心爱的勤妹:

一日及八日寄出两信,想已收到,未获来信,甚念!今天是星期天,休息在家,因为每天早出晚归,人很疲倦,故借此机会把少困的时间补回来。上午睡了四小时,下午睡了三小时,晚饭后,就赶忙给你写信。……

你第一封信说,以后不要忘了K,并和他合作,这一点是我们三人既定方针的一部分,我是绝不会忘怀的。不过我估计他可能比你先来,因为两人生活苦一点的话,叁佰元可以了。我想有了这些后,让他先来,他有工作后,反过来也可帮我忙。你迟些来，可以少吃些苦，当然我知你尽量想"快"些来的，这一点我很清醒，即争取一年不到的时间，你放心好了。

这里的人很复杂，政治倾向、道德品质各不相同，房租很贵（上次说过），根本没有上海这种里弄房子（像我们住的那种），有二房东，总之，一切都比解放前上海有过之无不及，只是物价还平稳。你对我留一手的叮嘱，我时时在心，不过你也要这样呀！快七月半了，窗外一轮皓月当空，想你这时也在家中乘凉吧！

……

　　祝

好

　　　　　　你的鲁上　八月十二日夜

有三点要说：

一、以后来信希大家编号（第几封信），看我们写了多少信后才能团圆。我这次是第四封，写在左上角。

二、这次改用平信，不知何时收到，请告我。

三、重新说一遍，希多来信，告诉我生活、工作等各种情况。我工作的厂名，请保密。

崔先生此信是用美华实业公司的信纸写的，信封也是美华实业公司的，因此推测他信中要求保密的厂名，应该就是这个公司。美华实业公司的工厂及办事处在九龙土瓜湾龙图街五号至七号八楼，崔先生住在北角堡垒街，说明崔先生上班都要在港九之间奔波，难怪信中说"每天早出晚归，人很疲倦"。

第28号信写于1963年2月11日，信中写道：

心爱的勤妹：

你28、29两信都先后收到了，勿念。家中有个阁楼，本堆着东西，现已搬出，装上电灯，从这星期二起我就睡在里面，正好放一张床、一只藤椅，一块搁板当写字台，这比睡在客厅上要好多了。……

上星期四（卅一日）我写信给同学（26封信中已提及，他父亲开小型织造厂，约200工人），请他设法工作，隔天他即来电话，说没有问题，叫我星期六下午去面谈。去后知叫我管理织手套机器（约卅多部，可先向老师傅学），每月150元，有住不连吃。我因无工作，故答应了。那知姨父的一位朋友也在自动地帮我找工作（他在九龙纱厂做事，是股东之一，境况很好。他的夫人在一个偶然的场合遇见过我，对我印象不错，故她请她丈夫想法的。我自己没有请他们设法），星期日打电话来说帮我在信昌机器工程有限公司（英商的——这点只有姆妈、你知道，可告诉岳父，勿对其他人说，包括振家）找到一个职位，每月300元（不连膳宿），先试三个月，如无过失，就正式了。相比之下，决定舍前取后，故星期一我特地又去向同学说明情形，请他原谅，星期二就到信昌上班了。

这公司规模很大，我是在电梯器材部工作（其他的部分还不清楚，当以后告知），电梯装配图及设备全由日本三菱电机公司运来，我们就是照图再画，这图不顶复杂，我想自己慢慢就能熟练的。办公时间是：上午9:00—1:00；下午2:15—5:00，共七小时四十五分。星期六下午及星期日休息。我现在的作息时间是：上午6:45—7:10，起身收拾小楼及洗脸；7：10—7：45，学打字；7：45—8：00，早饭；8：00—8：30，路上（坐电车）；8：30—1：00，办公；1：00—1：40，中饭；1：40—5：30，办公；5：30—6：00，路上；6：00—6：40，杂务及打字；6：40—7：00，夜饭；7：15—9：15，夜校；9：30—9：40，洗脸等；9：40—10：15，读书；10：15，睡觉。再有就是每星期六下午和最心爱的勤妹写信谈心。工作很满意，我一定尽力而为。

……

我还要告诉你一件奇事，北角堡垒街附近有一命相家，叫言叟（叟老人也，他八十二岁，跑遍全中国），二月四日下午我本着心中有数的情形去他那里，先起了个课，嗳，奇了！我拈了二个纸卷，给他看了，他就在纸上些了许多字，口中有时脱出贵人二个字，我问他能否有工作和今年的情形，他说二月三月中有贵人相助，工作有希望，四月平平，五月要当心，指交际方面，六七月两月较好，八月也要当心，以后就很平稳。我就说刚有工作，会不会再失业？他说我很诚心，故这课很准，以后只会好起来，不会再失业。这课叫做逅课（逅者，遇着也）。……他说我将有一个好妻子，问我有否对象，我说有，属老虎，他说属老虎很好，又说今年下半年我就有能力结婚（能力指经济），明年更不成问题。他和李唯一的不同之处就是说我今年不会出洋，这很好，因为我想还是安顿点算了。我这里又有一件事麻烦勤妹，请你收信后到李先生处去一次，先诚心地代我起一个课，问今年的情形（指工作），他说之后再把我有这个工作告诉他，问他能否做长（这一点很要紧，因为300元一月，你来就没有问题了。请他直说无妨，切记！）？

　　……

　　祝你

康乐

　　　　　　　　真心爱你的鲁上

　　二月九日下午、晚上，二月十日晚上在小楼中

又：

　　一、今天白天同学来我家，陪他玩了一天，总算在香港有了一位同学，这在上海不觉得什么，但在千里他乡，很难得了。

二、26封信中说对李先生准确有新发现，是这样的：住在我们对面35号有一位朱月琴小姐，是姨父同事，有时来我家玩，偶然说起算命，她又说起李雨田先生，她已四十多岁，离过婚，有一儿子，她说李算的都说到（她大约在十多年前就请李写命书，而以后都应的。她是朱葆山之孙女，朱葆山是卅多年前上海很有钱的人，有一条路就是纪念他的，这岳父也知道的。她的父亲是李的老友，也常请教他。李算他将来要被气死，结果在1956年是被他孙子气死的。）……朱的儿子和我差不多时间来港，廿岁，淮海中学读高二，以前也常去李处。

三、望望岳父母大人。发了工钱，我会寄鱼肝油等来的。

四、前天是元宵，去年那天是星期日，我们手携手的共游宝山海滨，……诚望妹和我不久能双双共游香港的海滨。


这封信内容丰富，有三方面值得注意。首先，信中对作息和求职的记述，反映了当时上海移民的生活状况，是难得的史料，对于研究香港上海移民生活史有一定参考价值。第二，信中提到的住在堡垒街附近的命相家"言叟"，应该就是袁树珊，袁曾住在堡垒街27号，后在英皇道开润德书局。信中提到的上海命相家李雨田，曾校订任铁樵注《滴天髓阐微》，著有《初学命理捷径》。此信极自然地记录了两位命相家为人算命的细节，也是难得的史料。第三，信中提到堡垒街5号的朱月琴是"上海很有钱的人"朱葆山之孙女，也为我们了解堡垒街住户情况提供了一手的资料。朱葆山即朱葆三，浙江定海人，曾任上海商会会长。信中说"有一条路就是纪念他的"，这条马路叫朱葆三路，是法租界公董会为感谢朱捐赠土地和马路而命名的，今名溪口路。

崔先生和张女士的沪港通信多半散佚，有的虽还能在网上见到，但都是空信封了。后来，他们是否能如愿"双双共游香港的海滨"，已不可知。这段沪港情事有着大时代下小人物的艰辛和对未来的希望，但未来却不知在哪里。当时他们认真地去算命，认真地安排自己的作息，即使天不遂人愿，认真爱过，认真活过，也可以无憾了。